AF742733

Fondos Indexados

Una Guía Para Principiantes Sobre Cómo Generar Riqueza A Través De ETF Diversificados E Inversiones Pasivas De Bajo Costo Para Lograr Seguridad Financiera Con Un Mínimo De Tiempo Y Esfuerzo.

Samuel Feron

Copyright © 2023 por Samuel Feron

Reservados todos los derechos.

No es legal reproducir, duplicar o transmitir ninguna parte de este documento en medios electrónicos o en formato impreso. La grabación de esta publicación está estrictamente prohibida y no se permite el almacenamiento de este documento a menos que cuente con el permiso por escrito del editor, excepto para el uso de citas breves en una reseña de un libro.

Contenido

Introducción

Aprende a invertir en fondos indexados si buscas un enfoque agradable y pasivo para hacer crecer tu dinero.

Con tantas alternativas de inversión accesibles hoy en día, puede resultar difícil para los principiantes saber por dónde empezar. Alcanzar tus objetivos financieros depende de la selección del instrumento de inversión adecuado. Sin embargo, también puede ser un procedimiento difícil y desconcertante.

En este punto, los fondos indexados resultan muy útiles. Estos fondos ofrecen un enfoque rápido y eficaz para invertir en bolsa.

Invertir puede resultar pesado, lento y totalmente desconcertante. Y si vas a comprar acciones individuales, te aconsejo que selecciones entre 10 y 30 diferentes. Eso no debería ser un problema si sabes lo que haces y tienes tiempo. Sin embargo, la mayoría de nosotros no disponemos de tanto tiempo para estudiar nuestras inversiones, lo que también implica tiempo para comprar, vender y reequilibrar prácticamente de forma continua.

Así pues, la inversión en fondos indexados adquiere relevancia en esta situación. Los fondos indexados pueden proporcionar una rápida diversificación y una opción pasiva para invertir en una amplia gama de sectores si prefieres una estrategia más racionalizada. Sólo necesitas un fondo.

Puedes recuperar tiempo con una inversión gestionada pasivamente para concentrarte en tu familia, trabajo o negocio secundario.

Sin embargo, la simplicidad de la inversión en fondos indexados es su característica más destacada. Los fondos indexados están abiertos a todos los inversores. Es difícil equivocarse. Los fondos indexados te permiten obtener los mismos rendimientos potenciales con "barandillas" adicionales, ya que muchas personas no se sienten cómodas eligiendo y gestionando acciones individuales.

Los fondos indexados también eliminan la emoción asociada a la compra y venta de acciones durante las subidas y bajadas del mercado, como hemos visto en los últimos meses.

Los fondos indexados se promueven a menudo como una de las formas más populares de alcanzar la FIRE (Independencia Financiera, Jubilación Anticipada) y cuentan con el apoyo del multimillonario Warren Buffett. Los fondos indexados son una forma de instrumento de inversión, como un fondo cotizado en bolsa (ETF) o un fondo de inversión, cuyo objetivo es proporcionar resultados comparables a los de determinados índices (de ahí su nombre), como el S&P 500.

Aquí tienes información sobre cómo invertir en fondos indexados si deseas seguir su ejemplo.

1

Introducción a los fondos indexados y la inversión pasiva

La rentabilidad de un índice de mercado estándar, como el índice bursátil S&P 500, es lo que pretende replicar un fondo indexado. Los inversores pueden adquirir fondos de inversión o ETF (Exchange-traded funds) que replican índices a través de una cuenta de corretaje o de jubilación.

Los fondos indexados se han hecho populares entre los inversores particulares en los últimos años por su sencillez y bajos gastos. Sin tener que incurrir en el gasto y el riesgo de comprar y vender acciones individuales, un inversor puede tratar de imitar los rendimientos del mercado de valores en general mediante el uso de un fondo indexado de mercado amplio.

Se trata de un medio práctico de invertir y exponerse al mercado. Sin embargo, los fondos indexados pueden funcionar de diversas maneras, y su adquisición y mantenimiento pueden resultar caros.

¿Qué son los fondos indexados?

Un fondo de inversión conocido como fondo indexado realiza el seguimiento de un determinado grupo de activos conocido como índice. El índice puede incluir acciones, bonos y otros activos, incluidas materias primas como el oro.

Los fondos indexados son fondos de inversión que siguen índices de referencia como el S&P 500 o el Nasdaq 100.

Cuando inviertes dinero en un fondo indexado, ese dinero se utiliza para adquirir acciones de todas las empresas que componen ese índice, lo que te proporciona una cartera más diversificada que la que tendrías si hubieras comprado acciones individuales.

Utilicemos el S&P 500 como ejemplo. Uno de los índices más importantes utilizados para supervisar el rendimiento de las 500 mayores empresas de EE.UU. es el S&P 500. Tus inversiones se correlacionan con el rendimiento de muchas empresas cuando inviertes en un fondo S&P 500, uno de los más apreciados.

Los fondos indexados tienen un riesgo menor que la propiedad individual de acciones, ya que están diversificados de forma natural y pretenden reflejar las participaciones idénticas de cualquier índice que sigan. Los índices bursátiles suelen tener un historial sólido. Aunque el S&P 500 oscila, históricamente ha proporcionado a los inversores rendimientos anuales cercanos al 10% de media. (Ten siempre presente que los rendimientos futuros no están asegurados).

Dado que el fondo imita un índice específico, los inversores en índices no necesitan supervisar sus inversiones en acciones y bonos tan de cerca como de forma activa. Esto distingue a los fondos indexados de los fondos de inversión y es la razón por la que se denominan inversiones pasivas.

Los gestores de fondos gestionan activamente sus activos en fondos de inversión. Con los fondos de inversión, el objetivo es superar la rentabilidad del mercado, mientras que con los fondos indexados, el objetivo es simplemente reflejar la rentabilidad del mercado. Dado que en los fondos indexados no es necesaria la gestión humana diaria, sus costes de gestión (también conocidos como "ratios de gastos") son inferiores a los de los fondos de inversión. Al elegir un fondo indexado en lugar de un fondo de inversión, puedes ahorrar más dinero en comisiones a largo plazo, lo que te permitirá aumentar tus ganancias.

Invertir periódicamente en un fondo índice S&P 500 (un proceso conocido como "dollar cost average" o promediar el coste en dólares) y ver crecer su dinero con el tiempo es una opción habitual para muchos inversores con un horizonte de inversión largo.

¿Por qué elegir fondos indexados para crear riqueza?

Si comparamos los fondos indexados con otros fondos de acciones, su principal ventaja es su riesgo relativamente bajo. Esto se debe a que no hay un gestor de fondos que emita juicios sobre las inversiones. El mercado determinará por completo las retribuciones.

Los fondos indexados también tienen la ventaja de estar naturalmente diversificados. Esto es así porque pueden representar muchos sectores dentro de un índice. La concentración sectorial puede darse incluso en fondos de renta variable diversificados y gestionados activamente, dependiendo de las elecciones del gestor del fondo. Sin embargo, la ponderación de las acciones en los fondos indexados variará según el sector. Así pues, la concentración sectorial no perjudicará a tu cartera.

La tercera ventaja es la posibilidad de obtener grandes rendimientos de los fondos indexados en un horizonte temporal más largo. Si nos fijamos en ellos, el Nifty y el Sensex han mostrado rendimientos positivos en los diez años anteriores. Los inversores han obtenido rendimientos del Sensex del 63,07% en cinco años y del 103,5% en diez. En los últimos cinco y diez años, el Nifty ha obtenido rendimientos del 57,43% y el 97,75%, respectivamente. Por lo tanto, invertir en fondos indexados a largo plazo puede reportar rendimientos positivos.

Los costes mínimos que tienen que pagar los fondos indexados son otra gran ventaja. El ratio de gastos de los fondos indexados es bajo. Dado que el gestor del fondo supervisa activamente la cartera y ejecuta las operaciones con los valores, los fondos gestionados activamente tienen gastos más elevados. Un fondo gestionado activamente tiene mayores gastos de transacción. Puedes comprar acciones sin gastar mucho dinero utilizando un fondo indexado de bajo coste. Además, los rendimientos que recibas del fondo indexado serán mayores debido a la reducción del coeficiente de gastos.

Otra ventaja de los fondos indexados es su fácil seguimiento. Al invertir en un fondo indexado, no necesitas tener en cuenta factores como la experiencia del gestor del fondo o el alfa WTC. Puedes invertir dinero en un fondo indexado si el error de seguimiento es mínimo. Se puede seguir el fondo simplemente monitorizando el mercado de valores.

¿Cuáles son las desventajas de los fondos indexados?

La falta de flexibilidad de los fondos indexados es su mayor inconveniente. Cuando se produce una caída del mercado, los gestores de los fondos indexados tienen prohibido invertir en más valores de renta variable. Por tanto, invertir en acciones distintas de las del índice no podrá limitar las pérdidas. Los fondos gestionados activamente pueden decidir invertir en valores de renta variable con distintas capitalizaciones bursátiles, sobre todo cuando los mercados son erráticos. Esto aumenta la rentabilidad al tiempo que reduce las pérdidas.

Otro inconveniente importante es que los fondos indexados no pueden superar los rendimientos del mercado. Ofrecerán rendimientos a la par o algo por debajo del mercado. Debes invertir en fondos de inversión gestionados activamente si quieres que los rendimientos superen las expectativas del mercado.

Similitudes y diferencias entre los ETF y los fondos indexados

Los fondos cotizados en bolsa (ETF) y los fondos indexados son excelentes vehículos de creación de riqueza que funcionan bien en diversas circunstancias de inversión. Sin embargo, es fundamental recordar que los fondos indexados son prácticamente siempre ETF.

Tanto los fondos indexados como los ETF pueden utilizarse como inversiones "listo y olvidado" porque suelen ser de bajo coste y de gestión pasiva. Junto con otras características que convienen al inversor típico, ambos vehículos de inversión pueden proporcionar diversidad incorporada.

A continuación, contrastaremos estas dos opciones de inversión para que te resulte más fácil decidir cuál (o ambas) es la mejor para ti.

Los ETF y los fondos indexados pueden realizar muchas de las mismas funciones para el cliente y son relativamente comparables. Examinemos sus puntos en común.

Diversificación

Una de sus principales ventajas es la facilidad con que los fondos indexados y los ETF permiten diversificar tu cartera. Por ejemplo, los Total Stock Market Funds siguen la evolución de todas las empresas que cotizan en bolsa en Estados Unidos, lo que significa que actualmente controlan casi 4.000 corporaciones estadounidenses. Los fondos VTSAX y VTI de Vanguard siguen el mismo índice, mientras que el primero es un fondo de inversión y el segundo un ETF.

Bajos costos

Las comisiones de los fondos indexados y los ETF son razonables, sobre todo si se comparan con las de los fondos gestionados activamente. Dado que muchos ETF siguen un índice, los costes se mantienen al mínimo. Los fondos indexados tienen gastos de personal bajos, ya que solo se ajustan en función de los cambios del índice, lo que constituye una estrategia pasiva.

En 2022, los fondos de inversión en acciones indexadas tenían un ratio medio de comisiones del 0,05 por ciento, según el informe más reciente del Investment Company Institute. Esta cifra era del 0,16 por ciento para los ETF de renta variable. Por el contrario, los fondos de inversión y ETF de gestión activa tenían unas comisiones medias en 2022 del 0,66 por ciento y el 0,68 por ciento, respectivamente.

Invertir sin esfuerzo

La mayoría de los ETF y fondos indexados sólo tratan de duplicar un índice de acciones u otros activos. No operan activamente ni tratan de superar al mercado. Su objetivo es replicar el índice e igualar su rentabilidad a largo plazo.

Además, los inversores pueden utilizar los fondos indexados y los ETF como técnicas de inversión pasiva. Por ejemplo, si tienes acceso a un plan de jubilación patrocinado por tu empresa, puedes invertir a través de deducciones en la nómina. Tu cartera requerirá poco o ningún mantenimiento si inviertes un porcentaje fijo de tu nómina en fondos indexados cada periodo de pago.

Lo mismo ocurre si financias una cuenta de corretaje con inversiones en ETF o fondos indexados. Por ejemplo, la mayoría de los corredores de bolsa te ofrecen la opción de invertir automáticamente cuando compras fondos indexados al S&P 500.

Excelentes resultados a largo plazo

El excelente rendimiento a largo plazo de los fondos indexados y los ETF es otra ventaja. Un selector de valores o un gestor de fondos activo puede realizar ocasionalmente una buena operación, pero pocos pueden superar constantemente al mercado durante un periodo prolongado. La mayoría de los gestores de fondos activos no consiguen batir o incluso alcanzar su índice de referencia a largo plazo.

En cambio, los fondos indexados y los ETF ofrecen un rendimiento más fiable a largo plazo. Por ejemplo, el S&P 500 ha generado históricamente rendimientos medios de alrededor del 10% anual. Gracias a su gran diversificación, los fondos indexados y los ETF son inversiones inteligentes a largo plazo.

Principales diferencias entre ETF y fondos indexados

Los inversores deben conocer las principales diferencias entre los ETF y los fondos indexados.

Dónde comprar

Es muy probable que no dispongas de ETF como opción de inversión si cotizas a un plan 401(k) o 403(b) a través de tu lugar de trabajo y, en su lugar, podrás elegir fondos de inversión indexados.

Abrir una cuenta IRA, Roth IRA o una cuenta de corretaje sujeta a impuestos suele ser aconsejable si deseas comprar ETF. Dependiendo de dónde abras estas cuentas, podrás acceder a una gama considerablemente más amplia de fondos, incluidos muchos fondos de inversión y ETF diferentes.

En última instancia, tienes más posibilidades de adquirir fondos indexados a través de los corredores de Internet. Los grandes brokers ofrecen todos los tipos de fondos indexados más populares.

Requisitos de inversión

La inversión inicial mínima varía en función del tipo de fondo indexado. Por ejemplo, los mínimos de inversión de los fondos de inversión pueden ser un factor disuasorio para algunos inversores. En el pasado, la inversión mínima en el Vanguard VTSAX era de 10.000 dólares. Desde entonces, el mínimo se ha reducido a $3.000, lo cual es mucho mejor, pero sigue excluyendo a ciertas personas que no siempre disponen de tanto dinero.

A menudo se puede comprar una sola acción de un ETF cuando se tiene una cuenta con un broker online. Aún mejor, varios corredores de Internet ofrecen ahora la opción de negociar acciones fraccionarias. Puedes invertir exactamente la cantidad que desees con estas acciones fraccionarias ya que, en algunas situaciones, puedes comprar tan sólo una 1/100.000 parte de una acción.

Tasas comerciales

Los fondos de inversión y los ETF tienen diferentes estructuras de comisiones de negociación. Cuando se trabaja con grandes brokers, las comisiones de negociación de acciones y ETF son prácticamente inexistentes.

Sin embargo, los fondos de inversión indexados pueden llevar asociadas comisiones de carga, un tipo de comisión de venta, y comisiones de negociación sustanciales. Los ETF no cobran comisiones de carga por adelantado ni al cierre.

La lección aquí es que hay que considerar todas las comisiones, ya que los costes de negociación pueden contrarrestar incluso si un fondo de inversión tiene un coeficiente de gastos más bajo que un ETF similar.

Planificación fiscal

En cuanto a los impuestos, los ETF son la mejor opción si compras y vendes con frecuencia. El vendedor sólo debe pagar impuestos sobre las plusvalías cuando vende acciones de un ETF.

Dado que vendes estas participaciones a la gestión del fondo, esto difiere de los fondos de inversión indexados. Todos los inversores que tienen participaciones en el fondo reciben una parte de los beneficios obtenidos si el gestor del fondo vende los activos subyacentes para obtener un beneficio.

ETF frente a fondos indexados: ¿Cuál es mejor?

Es difícil decir si un fondo indexado o un ETF es superior, porque la respuesta depende de los fondos de que se trate y de tus objetivos de inversión. Muchos fondos indexados están disponibles como ETF, que ofrecen negociación las 24 horas del día y comisiones extremadamente bajas. Los mínimos de inversión de los fondos de inversión indexados suelen oscilar entre unos pocos miles de dólares, y sólo se puede comprar y vender al cierre de cada jornada bursátil.

Pero es vital recordar que los fondos de inversión y los ETF son sólo herramientas para invertir en activos como acciones y bonos; no son inversiones en sí mismas. Siempre que los gastos de cada fondo sean comparables, deberías experimentar un rendimiento similar durante periodos más largos si inviertes en un fondo de inversión y en un ETF que sigan el mismo índice y contengan las mismas acciones subyacentes.

Tanto si inviertes en un fondo indexado como en un ETF, inviertes en tu futuro. Las diferencias entre ambos suelen ser insignificantes; los fondos indexados y los ETF son a menudo (pero no siempre) intercambiables. La decisión de empezar a invertir es más importante que la que elija. Si lo haces, te beneficiarás de costes reducidos, diversificación y una inversión a largo plazo.

2

El poder de la diversificación

El mercado es volátil debido a la agitación política, las tensiones comerciales y la ralentización del crecimiento mundial. Aunque el futuro es impredecible, la diversificación puede ayudar a gestionar el riesgo y atenuar los efectos de una perturbación significativa del mercado.

Un mercado turbulento, el aumento de las tensiones comerciales, la imprevisibilidad política y la ralentización del crecimiento mundial no han facilitado las cosas a los inversores en los últimos meses. En los próximos meses, Morgan Stanley Research prevé que la volatilidad seguirá siendo elevada.

Si eres un inversor a largo plazo, la volatilidad no es motivo de alarma, pero es crucial tomar medidas prácticas para gestionarla. La diversificación es tu mejor opción en cuanto a herramientas.

¿Qué significa diversificar las inversiones?

La diversificación reparte las inversiones entre clases de activos, sectores y zonas geográficas para reducir el riesgo global de una cartera de inversión. Al mantener una combinación de inversiones, se supone que los malos resultados de una inversión pueden verse contrarrestados por los mejores resultados de otra, lo que se traduce en un rendimiento global más constante. Así pues, la diversificación intenta incorporar activos con bajas correlaciones entre sí.

Según la mayoría de los especialistas en inversión, la diversificación es el elemento más crucial para alcanzar objetivos financieros a largo plazo evitando riesgos, aunque no garantiza que no se produzcan pérdidas. A continuación, examinamos por qué y cómo diversificar tu cartera.

Comprender la diversificación en la inversión

Imaginemos que sólo posees acciones de compañías aéreas en tu cartera de inversión. Tras una noticia adversa específica del sector, como una huelga de pilotos en curso que puede acabar provocando cancelaciones de aviones, las cotizaciones de todas esas acciones pueden caer simultáneamente. Esto implica que el valor de tu cartera disminuirá notablemente. Unas pocas acciones ferroviarias pueden compensar estas acciones, asegurando que sólo una parte de tu cartera se vea afectada. Es muy probable que el valor de las acciones ferroviarias aumente a medida que los pasajeros busquen formas alternativas de transporte.

La base de la diversificación es el proceso deliberado de equilibrar tu cartera entre varias inversiones. Cuando se diversifica, se adopta una postura defensiva en lugar de intentar optimizar los beneficios invirtiendo en las empresas con más éxito. La Comisión del Mercado de Valores de EE.UU. promueve activamente la política de diversificación.

El poder de la diversificación

La diversificación se basa en la idea de que los distintos activos se comportan de manera diferente, incluso en las mismas circunstancias. Una cartera puede resistir mejor los cambios del mercado y de la coyuntura económica combinando cuidadosamente activos de distintas características.

La asignación de activos, es decir, el reparto de tus inversiones entre distintas clases de activos como la renta variable, la renta fija y el efectivo, es la mejor manera de lograr la diversificación. Según estudios académicos, la estrategia de asignación de activos influye sustancialmente en el rendimiento de una cartera de inversión a largo plazo.

Además, puedes reducir el riesgo de tu cartera invirtiendo en varias clases de activos correctamente seleccionadas, en lugar de mantener sólo una, como las acciones australianas. Ten en cuenta que la gestión del riesgo es tan crucial como el aumento de los beneficios.

Para alcanzar tus objetivos financieros, es fundamental contar con un marco de asignación estratégica de activos (AEA) a largo plazo y unas perspectivas de asignación táctica de activos (ATA) a corto plazo que tengan en cuenta la actualidad del mercado.

La importancia de diversificar tus inversiones

Diversificando tus inversiones, puedes aumentar los beneficios al tiempo que reduces el riesgo. Pero, ¿qué significa eso? ¿Cómo puedes invertir de forma que protejas tus activos y maximices tus posibilidades de obtener beneficios? ¿Es posible diversificar demasiado? Empecemos por los fundamentos y examinemos por qué es importante invertir en varios tipos de activos.

Uno de los componentes esenciales de una estrategia de inversión sólida es la diversificación. Al diversificar tus inversiones entre varias clases de activos, aumentas la posibilidad de que algunas rindan bien aunque otras no lo hagan.

Empecemos con un ejemplo para ilustrar mejor por qué la diversificación puede ser ventajosa: Supongamos que tienes inversiones en dos empresas, una de las cuales fabrica bicicletas y la otra alimentos orgánicos para bebés. Como ambas empresas van bien, compras acciones gastándote 10.000 dólares. Con el tiempo, sin embargo, las cosas empiezan a ir mal para la empresa de alimentos para bebés; mientras aumenta el interés de los jóvenes por montar en bicicleta, el mercado de alimentos orgánicos para bebés cae. El aumento de la popularidad de las bicicletas reduce las pérdidas de la empresa de alimentos para bebés.

La diversificación ayuda a gestionar el riesgo y a proteger los activos. Distribuye tus activos en lugar de poner todo tu dinero en un solo sector o lugar para aumentar tu seguridad en caso de que algo vaya mal.

Probablemente te darías cuenta de la diversificación de activos si observaras varias carteras. La mayoría de los inversores no invierten todo su capital en un solo sector o tipo de valor. Como alternativa, suelen repartirlo entre varias inversiones y clases de activos. ¿Por qué? Porque al hacerlo pueden reducir el riesgo y salvaguardar sus inversiones.

La principal ventaja de la diversificación es que reduce la volatilidad de tu cartera; en otras palabras, si una inversión pierde valor, otra puede aumentar al mismo tiempo, garantizando que el rendimiento total a lo largo del tiempo (aunque sea por poco) siga siendo positivo. Por ejemplo, si invirtieras el 100% de tu cartera en acciones, el crecimiento de un año se esfumaría de la noche a la mañana si el mercado bursátil cayera un 10%, algo bastante habitual. Aunque siempre habrá pérdidas debidas a malas decisiones de los inversores o de las empresas (o de ambos), la diversificación reduce este riesgo porque cuando algunos activos pierden valor, otros suben. Por lo tanto, aunque siempre habrá pérdidas debidas a algunas malas decisiones tomadas por los inversores o las empresas (o ambos) cuando se diversifica adecuadamente, las ganancias probablemente seguirán compensando esas pérdidas por término medio en todas las inversiones por igual, lo que significa que no acabarán completamente con nuestras posibilidades de prosperar.

Lo más importante a la hora de invertir es no tratar de cronometrar el mercado. Es probable que tus beneficios se resientan si intentas entrar o salir en el momento perfecto, lo cual es difícil. Incluso los expertos con acceso a diversos algoritmos sofisticados luchan por ejecutarlo de forma coherente. En lugar de intentar predecir cuándo empezará un periodo "alcista" y luego tratar frenéticamente de comprar más acciones antes de que los precios vuelvan a subir, puede ser preferible concentrarse en asegurarse de tener algo invertido cuando empiece uno. Una cartera diversificada puede ayudar a asegurar esto, porque incluso si un sector tiene un mal comportamiento, otro puede tener un rendimiento lo suficientemente bueno como para obtener ganancias globales; si una clase de activos pierde valor en relación con otros, otros pueden haberlo ganado; y si una empresa se declara en quiebra (como inevitablemente harán algunas), hay otras empresas cuyo precio de las acciones no se ve afectado por este acontecimiento.

Invertir en varios vehículos de inversión es crucial para minimizar el riesgo y maximizar el potencial. Al repartir tu dinero y reducir tu exposición a una sola inversión o sector, la diversificación puede ayudarte a reducir el riesgo.

Por ejemplo, si toda tu cartera se compone de inversiones en acciones y el mercado bursátil se desploma, podría desaparecer por completo el valor de tus participaciones. Sin embargo, supongamos que tienes una cartera variada que incluye bonos, activos inmobiliarios, acciones y quizá incluso algo de efectivo. En ese caso, puede ser menos probable que todas esas inversiones experimenten una pérdida de valor al mismo tiempo cuando el mercado caiga.

Dado que es imposible predecir la evolución del mercado y que no hay garantías de cómo se moverá, es aconsejable distribuir las inversiones a lo largo del tiempo. De este modo, cuando se inicie una fase "alcista", el dinero estará invertido mientras espera a que se reanuden los periodos de crecimiento -o incluso un periodo plano- de los demás.

La diversificación debe ser comprendida por todos los inversores. Al dispersar tus inversiones en una variedad de clases de activos y repartir tu cartera, puedes minimizar la posibilidad de perder dinero en un solo producto o área de mercado.

También aumentará la probabilidad de que algunas de tus inversiones tengan éxito aunque otras no lo tengan.

Cómo la diversificación reduce la volatilidad y gestiona el riesgo

El objetivo de la diversificación es mejorar los beneficios a largo plazo y reducir los riesgos totales. Esto se debe a que todos los activos reaccionan de forma diferente en los distintos periodos.

La diversificación es un método probado para reducir el riesgo de inversión. No poner todos los huevos en la misma cesta es un dicho que es sinónimo de diversificación en el sector empresarial. En pocas palabras, la diversificación es el acto de distribuir las inversiones entre varias cestas de activos para reducir los riesgos de inversión.

Una cartera diversificada incluye componentes de muchas clases de inversión, como renta variable, renta fija, bienes inmuebles, oro y otras materias primas. Estos componentes contribuyen a que la cartera ofrezca rendimientos superiores a la media a largo plazo.

El requisito de diversificación de la cartera se acentúa por varias razones, entre las que se incluyen el entorno macroeconómico o microeconómico y las variables empresariales. Diversificar la cartera es un proceso riguroso. Por lo tanto, la diversificación sin sentido es inútil. La consecuencia global de la diversificación debería ser un rendimiento estable y unos rendimientos más suaves que nunca suban o bajen demasiado rápido, lo que tranquiliza a los inversores debido a la menor volatilidad.

Principales clases de activos

Los cuatro grupos de activos básicos de la diversificación son la renta variable, la renta fija, los bienes inmuebles y las inversiones alternativas.

Utilizar fondos de inversión para diversificar es una decisión inteligente para los inversores particulares. Los fondos de inversión son excelentes opciones de inversión que ofrecen alternativas rentables y muy transparentes. Dada la abundancia de posibilidades disponibles en el sector de los fondos de inversión, emplear fondos de inversión es la única manera de construir una cartera completa.

Los distintos tipos de activos, incluidos los bonos y las acciones, suelen tener una relación negativa entre sí. Por lo tanto, una mezcla de tipos de activos es buena para obtener los beneficios de la diversificación. Lo mejor es tener una cartera diversificada en ambos sectores, ya que los cambios desfavorables en uno probablemente se vean contrarrestados por la evolución positiva del otro.

Aunque la inversión en renta fija puede tender a reducir la rentabilidad global de una cartera, también puede disminuir el riesgo y la volatilidad globales. También te podrías arriesgar e invertir en oro, que actúa como una sólida cobertura contra la depreciación del dólar estadounidense.

Varios sectores

En segundo lugar, es fundamental diversificar la cartera en varios sectores. De este modo, se reducirá tu vulnerabilidad a una única perturbación económica y aumentará tu capacidad para reequilibrar la cartera. Un inversor que desee reducir su exposición a un sector concreto puede encontrar ventajosa la diversificación por sectores y tamaños. Puede tratarse de un sector volátil (energía, industrial), defensivo (servicios públicos, sanidad) o cíclico (servicios financieros, inmobiliario).

Si atiborras la cartera con exposiciones concentradas en empresas de un solo sector o mercado, nunca obtendrás los beneficios de la diversidad. Las inversiones en muchos mercados mundiales reducen la probabilidad de que la cartera se vea sustancialmente afectada por catástrofes naturales imprevistas o por un cambio en el clima político de un mercado concreto.

Es vital recordar que cuanto mejor es una inversión, menos correlacionada está. De este modo, pueden capear el mercado de forma diferente. Una cartera necesita una gama diversa de industrias, ya que los riesgos a los que se enfrentan las empresas dentro de cada área son similares. Las carteras deben variar según el sector, el tamaño y la geografía para reducir el riesgo específico de cada empresa.

Un inversor puede controlar el riesgo y reducir la volatilidad de las oscilaciones del precio de un activo diversificando sus participaciones. Aunque tu cartera esté bien diversificada, nunca podrás evitar el riesgo. Diversificar las participaciones de tu cartera en el clima impredecible, el mercado volátil y los ciclos económicos cortos de hoy en día es crucial. Lo más importante es contar con la ayuda de un experto a la hora de crear una cartera. Un experto financiero puede ofrecer asesoramiento sobre la diversificación metódica de la cartera, la consideración de los beneficios a largo plazo y la reducción de los riesgos a corto y largo plazo. Con la ayuda de un especialista, podrás determinar tu tolerancia personal al riesgo y adaptar tu cartera a ese nivel.

En última instancia, todo se reduce a si desea liquidez o estás dispuesto a esperar a largo plazo. Esto repercutirá en la organización de tus inversiones. Cada inversor tiene una tolerancia al riesgo, unos objetivos de inversión y una capacidad financiera únicos. Esto tiene un impacto significativo en la determinación de la combinación de inversiones. Por último, pero no por ello menos importante, los enfoques basados en pruebas que se apoyan en la información y la lógica en lugar de en la emoción suelen tener éxito.

Como ya se ha dicho, no todas las clases de activos, sectores o mercados responden de la misma manera a la diversificación. No obstante, es un instrumento crucial para mejorar la rentabilidad ajustada al riesgo a largo plazo.

3

Los distintos tipos de fondos indexados

En 1976, John Jack Bogle puso los fondos indexados a disposición de los inversores particulares. El Vanguard 500 Index era un vehículo que seguía el índice S&P 500. El objetivo principal era obtener una amplia diversificación sin gastar mucho en la compra de valores individuales ni incurrir en las elevadas comisiones de los fondos de inversión gestionados activamente. Pero desde 1976, los fondos indexados han cambiado significativamente. Además, utilizando los fondos indexados, los inversores pueden aumentar su exposición a clases de activos, mercados, sectores o filosofías de inversión específicos.

Este capítulo examinará nueve tipos diferentes de fondos indexados que se han desarrollado a lo largo del tiempo. Veremos en qué se diferencian en términos de construcción y cómo pueden funcionar con diferentes perfiles de riesgo en las carteras de los inversores.

1. Fondos indexados de mercados amplios:

Este tipo de fondo indexado trata de replicar una amplia franja del mercado bursátil invertible. Dado que expone a los inversores a valores de renta variable de diversas capitalizaciones bursátiles e industrias, un fondo indexado que sigue el índice NIFTY 500, por ejemplo, es un fondo indexado de mercado amplio.

El Motilal Oswal NIFTY 500 Fund es un ejemplo. Otro ejemplo son las 750 acciones de empresas de gran capitalización, mediana capitalización, pequeña capitalización e incluso microcapitalización que estarán a disposición de los inversores a través del Navi Total Market Index Fund.

Además, existen numerosos fondos indexados en todo el mundo. Una parte considerable de las inversiones en fondos indexados en EE.UU. se realiza en fondos de mercados amplios, como el Wilshire 5000 Total Market Index Fund, el Russell 3000 ETF y el Vanguard Total Stock Market Index Fund.

En conclusión, los fondos de índices bursátiles amplios se limitan a intentar replicar el rendimiento global del mercado de valores. Por ello, constituyen una excelente opción para los inversores a largo plazo.

Sin embargo, las participaciones siempre se solaparán si inviertes en un Índice bursátil amplio y en otros Fondos indexados. Es imposible evitar este solapamiento. Sin embargo, siempre que analices meticulosamente tu asignación global de activos entre empresas de gran, mediana y pequeña capitalización, independientemente de si inviertes a través de fondos de inversión o acciones, no debería preocuparte en exceso el solapamiento.

2. Fondos basados en índices de capitalización bursátil:

El tamaño es importante. Es un dicho arraigado en nuestra cultura, especialmente en lo que se refiere a la inversión. La capitalización bursátil de las empresas se utiliza para ponderar la mayor parte de los distintos índices. Por ejemplo, los índices ponderados por la capitalización bursátil incluyen el NIFTY 50, el SENSEX, el NIFTY Next 50, el NIFTY Midcap 150, el NIFTY Smallcap 250 y el NIFTY 200.

Las acciones experimentan a menudo altibajos. La mayoría de las acciones están sobrevaloradas o infravaloradas en un momento dado en ese marco. En otras palabras, un índice de capitalización bursátil pondera más una acción si está sobrevalorada y menos si está infravalorada. Por lo tanto, cada nuevo dólar en un fondo indexado alimenta la distorsión ya existente. Como resultado, ciertas acciones acaban teniendo precios desproporcionadamente más altos que otras. Otra forma de verlo es que, al hacer subir los precios de las acciones, los fondos indexados son en cierto modo culpables de las prolongadas carreras alcistas.

No obstante, cuando estos costosos valores alcanzan un nivel de precios insostenible, se produce inevitablemente una corrección rápida y significativa de todo el mercado. Una vez más, la volatilidad a corto plazo no debería ser una gran preocupación si eres un inversor a largo plazo.

3. Fondos indexados de igual ponderación:

Optar por un índice de igual ponderación es una estrategia para combatir la sobreponderación y la infraponderación de un índice ponderado por la capitalización bursátil. En pocas palabras, un índice de igual ponderación es aquel en el que cada acción tiene el mismo peso. Utilicemos el índice NIFTY 50 como ejemplo. En este caso, el peso conceptual de cada 50 empresas es del 2%.

Dicho de otro modo, imagina un índice de igual ponderación como un barco perfectamente equilibrado y aléjate de las tormentas provocadas por el impulso de los precios o los sesgos de valoración. Un índice de igual ponderación suele estar más orientado al valor. Además, en comparación con un índice ponderado por el mercado, un índice de igual ponderación es indudablemente mucho más diverso.

4. Smart Beta o fondos indexados basados en factores:

La técnica de capitalización bursátil es el método más utilizado para establecer un índice. Sin embargo, no tiene por qué ser la única opción. Otras características, como el coeficiente P.E., la rentabilidad por dividendo, el valor contable, el flujo de caja, las ventas, etc., también pueden ser medidas valiosas para crear un índice. Estos indicadores son probablemente más eficaces a la hora de identificar empresas con buenas valoraciones para una cartera de índices.

La potencia de cálculo de los ordenadores actuales es mucho mayor, y pueden aprender de intrincados flujos de datos y medidas financieras. A continuación, estos descubrimientos se agrupan en rasgos convenientemente empaquetados conocidos como factores. A continuación, estas variables se denominan valor, impulso, calidad, volatilidad, etc.

Los fondos indexados basados en factores acaban de empezar a adquirir popularidad. Incluso algunos fondos basados en factores pueden ser conocidos por ti como "fondos smart beta" con otro nombre. Ahora bien, la mayoría de los nuevos fondos smart-beta creados en EE.UU. sólo incluyen un componente.

El índice Edelweiss NIFTY 100 Quality 30, por ejemplo, utiliza el componente de calidad. Este componente es un compuesto de diversas variables, como la rentabilidad de los fondos propios (ROE), la rentabilidad del capital, los flujos de caja operativos (OCF), la deuda de la empresa, etc. El factor de volatilidad, el factor de valor, el factor de impulso y otros factores también son utilizados por los fondos indexados y los fondos cotizados (ETF).

Los fondos indexados, que utilizan dos factores y ocasionalmente tres, son un tipo de fondo multifactorial que los proveedores de fondos de inversión han introducido recientemente. Estos fondos indexados multifactor gestionan la rentabilidad, el riesgo y la volatilidad con mayor eficacia para ofrecer una alternativa de inversión completa.

5. Fondo indexado de estrategia:

El objetivo de un fondo indexado de estrategia es duplicar los índices estratégicos, que se crean utilizando métodos de inversión y modelos cuantitativos. Por ejemplo, el índice dinámico de asignación de activos NIFTY es uno de los índices estratégicos disponibles. Los dos índices que constituyen los principales componentes de esta serie de índices son el NIFTY 50 & Short Duration Debt - Dynamic P/E Index y el NIFTY 50 & Short Duration Dynamic P/B Index.

Estos índices, que asignan una ponderación a cada clase de activo en función de su valor determinado por la relación precio/beneficio (P/B) o precio/valor contable (P/B), siguen varias clases de activos, principalmente acciones y deuda. En consecuencia, pueden ser apropiados para los inversores que deseen reducir su asignación a las acciones cuando sea demasiado elevada y viceversa.

6. Fondos indexados sectoriales:

Los ETF o fondos basados en industrias son populares entre los inversores. El objetivo es invertir en empresas que operan en el mismo sector o industria. Por ejemplo, cada industria tiene Fondos Indexados y ETF, como banca, tecnología, sanidad, infraestructuras y consumo.

Normalmente, estos fondos sectoriales atienden a grupos más grandes. Sin embargo, existen fondos indexados con mandatos considerablemente más restringidos y detallados. Los inversores pueden optar por un fondo indexado dedicado exclusivamente a los bancos privados, mientras que un fondo indexado para el sector bancario se centra en la categoría de bancos de mayor tamaño.

En los últimos meses, se han producido varios lanzamientos en este ámbito en el negocio de inversión estadounidense. Además, se trata de una categoría con potencial de rápido crecimiento.

7. Fondos indexados internacionales:

A principios de año sólo había 3 ó 4 fondos pasivos extranjeros. Sin embargo, en los últimos ocho meses ha habido mucha oferta en el mercado internacional de fondos indexados. Varios índices específicos de EE.UU., incluidos el índice

NYSE FANG+, el índice NASDAQ y el índice S&P 500, son ahora objeto de seguimiento por parte de los fondos.

Además, algunos fondos siguen el índice Hang Seng. También puedes acceder a unos cuantos índices de mercados desarrollados que funcionan de forma independiente o en combinación con otros fondos.

Las rentabilidades históricas de los índices recientes, en particular los basados en EE.UU., han contribuido a ganarse a los inversores indios. Esto ha tenido el efecto beneficioso de aumentar la diversificación de la cartera.

Tomemos como ejemplo el índice NYSE FANG+. Este índice incluye diez valores de Internet y tecnología muy negociados (como Apple, Tesla, Facebook, Twitter y Alibaba) con la misma ponderación.

La correlación de rentabilidad entre el índice NYSE FANG+ y el índice NIFTY 50 es el indicador clave de rentabilidad en este caso. Estos dos índices son totalmente opuestos entre sí en términos de rendimiento y los tipos de empresas e industrias que representan debido a su pequeña correlación de 0,15. En consecuencia, invertir en el índice FANG+ no sólo facilita una diversificación crucial, sino que también ayuda a llenar algunos de los posibles agujeros de tu cartera.

8. Fondos indexados de deuda:

Cuando inviertes en productos de deuda, corres el riesgo de dos cosas principales. Una es que los cambios en los tipos de interés provoquen fluctuaciones en los precios de los bonos. Esto es lo que denominamos riesgo de tipo de interés.

Y en segundo lugar, el riesgo de crédito, o la probabilidad de que algunos bonos dejen de pagar porque el emisor del bono haya dejado de hacerlo.

En la India, los fondos basados en índices de deuda no se encuentran entre los productos más apreciados. Sin embargo, los fondos indexados de deuda, como los fondos indexados de vencimiento objetivo, pueden ser muy útiles para reducir el riesgo de crédito y de tipos de interés en tu cartera.

Tomemos como ejemplo el recién lanzado ICICI Prudential PSU Bond Plus SDL 40:60 Index Fund - Septiembre 2027. Esta estrategia de gestión pasiva replica un índice único de 8 bonos PSU con calificación AAA y 20 Préstamos de Desarrollo Estatal en una proporción 40-60.

La fecha de vencimiento de este Fondo de Índice de Deuda es el 30 de septiembre de 2027, a pesar de que el plan es de duración indefinida. Por lo tanto, el riesgo de tipo de interés se elimina si el inversor mantiene su inversión hasta el vencimiento. El riesgo de crédito también es inexistente porque las inversiones se dirigen a bonos PSU y valores AAA.

Ahora que numerosas empresas de inversión están introduciendo planes en esta categoría, los instrumentos basados en índices de deuda son cada vez más populares. Por ejemplo, la filosofía de inversión de ICICI Prudential PSU Bond Plus SDL 40:60 Index Fund - Sep 2027 es comparable a la de Aditya Birla Sun Life NIFTY SDL Plus PSU Bond Sep 2026 60:40 Index Fund y Edelweiss NIFTY PSU Bond Plus SDL Index Fund 2026. El Bharat Bond Index, un vehículo de inversión de bajo coste y gestión pasiva que invierte en bonos del sector público con calificación AAA, también está gestionado por Edelweiss.

IDFC Mutual Fund tiene algunos productos del Índice GILT que sólo invierten en títulos del Estado, Axis Mutual Fund ofrece un fondo de bonos y Nippon India Mutual Fund tiene muchos productos.

9. Fondos indexados personalizados:

Un índice típico funciona según el principio de "talla única". Sin embargo, cuando se dispone de más capacidad de procesamiento de datos, se allana el camino para una personalización mucho mayor basada en lo que desea el gestor del fondo y lo que buscan los distintos grupos de inversores. Los índices personalizados desempeñan un papel en esta situación.

Dicho de otro modo, los Fondos Indexados Personalizados dan a las instituciones y empresas asesoras la libertad de diseñar su colección de técnicas de inversión pasiva. Imagina que el arquitecto te proporciona un conjunto básico de planos, pero te permite modificar el diseño para satisfacer tus necesidades únicas.

La indexación personalizada ha empezado a ganar adeptos, aunque su uso no está muy extendido. Varias instituciones financieras internacionales lo están aplicando gracias a las tecnologías de vanguardia y a unas comisiones de negociación nulas o mínimas. Los proveedores indios de fondos de inversión también tienen una actitud positiva hacia la creación de índices únicos. Y en los próximos 3, 4 ó 5 años, estos fondos probablemente serán cada vez más populares.

Puedes referirte a ello como amor, afecto o atracción. Sin embargo, el hecho es que millones de inversores de todo el mundo, incluidos los de la India, están interesados en la inversión pasiva. Y desde 1976, cuando el Grupo Vanguard introdujo el primer Fondo Indexado cotizado en bolsa, los Fondos Indexados han avanzado sin duda de forma significativa.

Puedes investigar e invertir en muchos de los sistemas que se tratan en este capítulo. Pero antes de invertir, considera cómo podrían encajar en tu cartera.

4

Elegir los fondos indexados adecuados para tu cartera

Los argumentos a favor de la inversión en índices son fáciles de entender: A una fracción del coste de los fondos gestionados activamente con una concentración comparable, los fondos de inversión y los fondos cotizados (ETF) que se limitan a tratar de duplicar el rendimiento de índices clave suelen producir un mayor rendimiento a largo plazo. Los fondos indexados y los ETF representaban el 40% de todos los activos de los inversores a finales de 2020, frente a menos del 20% en 2010, ya que este sencillo argumento ha ganado popularidad.

Sin embargo, elegir el mejor fondo puede ser difícil, sobre todo teniendo en cuenta la gama de posibilidades en continua expansión. Casi 200 fondos mixtos de gran capitalización fueron citados por Morningstar en un análisis reciente como posibles componentes de una cartera bien diversificada. Entonces, ¿cómo decidir cuál es el mejor para ti?

Elige los fondos indexados con menor índice de gastos

La mayoría de los fondos indexados y ETF imponen un coeficiente de gastos, que es una comisión anual. Esta pequeña comisión cubre los gastos de funcionamiento del fondo. (Sí, hay costes de compra y venta de las inversiones que mantienen los fondos indexados, entre otras cosas, aunque su único objetivo sea imitar el rendimiento y la composición de los índices actuales).

Dado que ninguna partida de los extractos periódicos de los fondos revela cuánto cuesta la comisión, no es precisamente evidente que estés pagando un coeficiente de gastos. En su lugar, una parte de los activos del fondo se resta automáticamente de los rendimientos.

Los costes de indexación son importantes. Busca el fondo o ETF con el menor coeficiente de gastos después de elegir la categoría de inversión en la que deseas emplear la indexación.

El Fidelity ZERO Total Stock Market Fund, que hace honor a su nombre y no cobra comisiones, es uno de los mejores fondos indexados a la bolsa. El Vanguard Total Stock Market Fund y el Schwab's Total Stock Market Index imponen unos coeficientes de gastos anuales del 0,03% y el 0,04%, respectivamente. Esos ratios de gastos extremadamente bajos pueden resultar más ventajosos que fondos de idénticas características pero que cobran comisiones más elevadas a lo largo del tiempo.

Analiza las matemáticas. Si el coeficiente de gastos fuera del 0,63% y tú invirtieras 10.000 dólares al año durante diez años con una rentabilidad bruta del 8%, dispondrías de unos 151.0 00 dólares al final del plazo. Tendrías más de 156.000 dólares si el coeficiente de gastos de otro fondo que siguiera el mismo índice y utilizara la misma técnica fuera sólo del 0,04%. La diferencia, debida únicamente a las comisiones, es de 5.000 dólares. Imagina el crecimiento potencial en un horizonte de inversión de 30 ó 40 años.

No te preocupes por la diferencia entre ETF y fondo indexado

Cuando busques productos que sigan pasivamente un índice subyacente, es posible que te pregunte cuál es la diferencia entre un fondo indexado y un ETF y, lo que es más importante, si realmente importa. La volatilidad de la cotización del fondo distingue un fondo indexado de un ETF.

Puedes solicitar un fondo de inversión indexado en cualquier momento, pero el precio vendrá determinado por el valor de todos los activos subyacentes al final del día de negociación en curso. La operación se completará al precio de cierre del siguiente día de negociación si realizas una orden después del cierre del mercado (16.00 horas E.T. para las bolsas de EE.UU.).

Los ETF se negocian como las acciones, y sus precios fluctúan a lo largo de la jornada. No importa qué tipo de fondo elijas, siempre que puedas comprar y vender un ETF y un fondo de inversión sin pagar comisión, algo cada vez más popular en las mejores casas de bolsa.

Sin embargo, si estás empezando con tus inversiones, ya sea en una cuenta IRA o en una cuenta imponible tradicional, un ETF podría ser una opción más sensata.

Muchos fondos de inversión tienen un requisito de inversión mínima inicial de 1.000 dólares o más. Sin embargo, si abres una cuenta de corretaje, puedes empezar a invertir inmediatamente con una sola acción del ETF, a menudo mucho menos que el mínimo de un fondo. Incluso una pequeña porción de un ETF puede ser suficiente para empezar.

Los ETF suelen beneficiarse también de ratios de gastos más bajos. A veces las diferencias son mínimas: El coeficiente de gastos del Vanguard Total Stock Market ETF es del 0,03%, mientras que el del fondo de inversión es del 0,04%.

A veces, la diferencia es de más de un pelo: El índice iShares S&P 500 ETF tiene una comisión del 0,09%, mientras que el fondo de inversión tiene una comisión del 0,35%. Pero sigue siendo aplicable un principio fundamental a la hora de elegir entre fondos de inversión y ETF: decántate por el que haga que resulte menos costoso generar un índice.

Cómo funcionan mejor los fondos indexados en una cartera

Una cartera de jubilación o de inversión puede utilizarse de varias maneras. Puedes basarte en la indexación; los roboasesores suelen utilizar ETF para esta estrategia. Como alternativa, puedes combinar fondos gestionados activamente con fondos indexados.

Hawley construye las carteras de sus clientes utilizando la estrategia "core and explores". Utiliza fondos indexados y ETF de bajo coste, pero también selecciona algunos fondos de gestión activa que ofrecen un potencial de riesgo-recompensa más atractivo.

Independientemente de la estrategia que selecciones, el objetivo es concentrar la indexación en los segmentos de mercado comúnmente denominados "eficientes", es decir, un mercado con tanta información disponible y una negociación tan fluida que es difícil que la gestión activa obtenga mejores resultados.

El informe Barómetro Activo/Pasivo de Morningstar compara la rentabilidad de los fondos de gestión activa con la rentabilidad media de los fondos indexados en una categoría de inversión determinada. Menos de uno de cada cuatro fondos activos superó a sus homólogos indexados en los diez años anteriores a 2020 en todas las categorías.

La indexación fue incluso más eficaz en los mercados más eficaces. En los diez años anteriores a 2020, sólo el 8,4% de los fondos mixtos de gran capitalización gestionados activamente, el 9,3% de los fondos de crecimiento de gran capitalización y el 14% de los fondos de gran valor superaron a sus homólogos indexados. Menos de tres de cada diez fondos de renta fija básica intermedia superaron a los fondos de referencia de la categoría.

La gestión activa tiene un mejor historial de mercado cuando se dispone de información menos uniforme o de una plataforma de negociación menos estándar. En los últimos diez años, más del 40% de los fondos de gestión activa invertidos en crecimiento de pequeña y mediana capitalización estadounidense, bonos de alto rendimiento, bonos corporativos, inmobiliarios y mercados bursátiles emergentes han batido a los fondos indexados.

Construir una cartera con fondos indexados

Si deseas simplificar las cosas, puedes utilizar un solo fondo para crear una cartera totalmente indexada. Dos o tres fondos pueden ser suficientes si deseas un mayor control sobre la combinación de activos.

- **Especifica un fondo de fecha objetivo** - Un fondo de fecha objetivo puede utilizarse en una cartera de jubilación. Un fondo con un año en el título cercano a tu 65 cumpleaños bastará. Ya está todo hecho. En función de tu plazo de inversión, el fondo de fecha objetivo se encarga de todo el trabajo pesado invirtiendo en una combinación de bonos y acciones o ETF. Numerosos fondos de fecha objetivo sólo utilizan fondos de índices económicos y ETF de índices.

- **Utiliza la estrategia de los tres fondos** - Otra estrategia sencilla consiste en crear una cartera de tres fondos compuesta por un fondo indexado de bonos estadounidenses de alta calidad, un fondo de acciones extranjeras y un fondo indexado que cubra todo el mercado bursátil. Esto te da una mayor flexibilidad en cuanto a la proporción entre renta variable y renta fija, pero requiere una mayor implicación por tu parte que un fondo de fecha objetivo.

Pedido de ayuda

Estimado lector,

Espero que tu exploración de los fondos indexados te haya resultado instructiva y estimulante. Te invito a que dediques algún tiempo a compartir tus pensamientos con los demás mientras te sumerges en las ideas y métodos que subyacen a este poderoso instrumento financiero.

Tus comentarios determinan la forma en que la gente percibe y reacciona ante este libro. Puedes orientar a otros inversores hacia un futuro financiero más estable y productivo dejando una reseña. Tus palabras pueden animar a otros a aprender más sobre las ventajas de los fondos indexados y a tomar decisiones acertadas que podrían cambiar sus vidas.

Tanto si considera que las explicaciones son claras, como si aprendes nuevos puntos de vista sobre la diversificación de carteras o realizas progresos significativos en tu estrategia de inversión, tu reseña puede ampliar el impacto de estos conocimientos y provocar un gran cambio.

Es tan fácil como escribir una reseña, un gesto que sólo lleva unos segundos pero que tiene un gran impacto.

Te insto a que expreses brevemente tus opiniones y sentimientos genuinos. Tu opinión puede hace que otros utilicen los fondos indexados para iniciar su viaje hacia el éxito financiero.

Agradezco tu enorme ayuda y tu participación en esta comunidad que cambia vidas.

5

Establece tus objetivos de inversión

Según una encuesta reciente de Bankrate, más de la mitad de los trabajadores estadounidenses afirman estar retrasados en sus ahorros para la jubilación. El objetivo financiero último de muchas personas es la jubilación, así que ¿por qué tanta gente se queda corta? No establecer y mantener objetivos de inversión específicos a lo largo del tiempo puede ser una de las causas.

Si, para empezar, no sabes cuáles son tus objetivos, no te resultará fácil alcanzarlos. Aunque empezar como nuevo inversor puede asustar a algunos, conocer tus prioridades puede aumentar la probabilidad de que consigas alcanzarlas.

He aquí cuatro pautas para establecer objetivos de inversión.

Debes saber qué es lo más importante para ti

Sería útil considerar qué es esencial para ti antes de definir objetivos de inversión concretos. ¿Tienes intención de tener hijos? ¿Cuándo piensas jubilarte? Puedes saber más sobre lo que es importante para ti teniendo en cuenta las respuestas a preguntas como éstas.

A partir de ahí, puedes empezar a definir tus objetivos financieros, que son los acontecimientos de la vida para los que tendrás que empezar a ahorrar e invertir. Jubilarte, casarte, tener hijos y comprar una casa son objetivos de inversión habituales. Las siguientes etapas te ayudarán a establecer y alcanzar tus objetivos.

1. Elige tus principales prioridades:

Los objetivos de cada persona variarán en función de su situación particular. Puedes dirigir tus ahorros hacia las áreas de tu vida que son más importantes para ti determinando tus prioridades.

SMART es un acrónimo muy conocido para una estrategia de fijación de objetivos. Es así

- **S** – (*Specific*) Específicos: Los objetivos deben ser específicos, esbozados y comprensibles.
- **M** – (*Measurable*) Medibles: Los objetivos medibles son más fáciles de seguir y determinar si vas por buen camino o te estás quedando atrás.
- **A** – (*Achievable*) Alcanzables: Debes ser capaz de alcanzar los objetivos.
- **R** – (*Realistic*) Realistas: Los objetivos no deben ser

fantasías imposibles.

- **T** – (*Time-based*) Basados en el tiempo: ¿Cuándo prevés alcanzar tus objetivos?

2. Organiza tus objetivos en función de lo lejos que puedan llegar en el futuro:

Una vez determinados tus objetivos más importantes, puede ser útil dividirlos en varios horizontes temporales. Así podrás elegir las inversiones que mejor se adapten a cada objetivo.

- **Objetivos a corto plazo** - Los objetivos que entran en esta categoría son probablemente cosas como un viaje, el pago inicial de un coche u otros acontecimientos que probablemente ocurrirán en los próximos años.

- **Objetivos a mediano plazo** - Es probable que estos objetivos sean más importantes y lleven más tiempo. Dependiendo de lo grande que quieras que sea, esta categoría de objetivos podría incluir el pago inicial de una casa o una boda.

- **Objetivos a largo plazo** - Cuando la gente piensa en ahorrar, lo primero que suele venir a la mente es la jubilación. La jubilación es el objetivo final a largo plazo si estás empezando en tu profesión, porque probablemente llegará dentro de 30 o 40 años. Si tienes hijos pequeños y estás ahorrando para tus futuros gastos universitarios, ahorrar para la educación de tus hijos también entraría dentro de este apartado.

3. Selecciona inversiones que respalden tus objetivos:

Sería útil que eligieras las inversiones óptimas para cada objetivo después de determinar el horizonte temporal de cada uno. Dado que los objetivos tienen periodos diferentes, utilizar el mismo enfoque de inversión para cada uno no tendrá sentido. A continuación se enumeran las inversiones que suelen lograr mejor los distintos objetivos.

Inversiones para objetivos a corto plazo

Sería útil que te centraras más en proteger tu dinero que en hacerlo crecer rápidamente cuando inviertas para acontecimientos que ocurrirán dentro de unos años o incluso antes. Algunas de las mejores inversiones de bajo riesgo para objetivos a corto plazo son los fondos del mercado monetario y las cuentas de ahorro de alto rendimiento. Aunque no generará mucho más dinero, puedes estar seguro de que estará disponible cuando lo necesites y de que estás obteniendo el tipo de interés más alto posible en comparación con los tipos que ofrecen las cuentas de ahorro bancarias convencionales.

Inversiones para objetivos a largo plazo

Dependiendo de tu tolerancia total al riesgo, podrías asumir mayores riesgos para objetivos que están un poco más lejos en el futuro, como los que están a tres o cinco años. Algunos inversores podrían seguir con productos más arriesgados, como cuentas de ahorro de alto rendimiento y fondos del mercado monetario. Sin embargo, para quienes tengan una mayor tolerancia al riesgo, invertir una pequeña parte de su cartera en empresas de alta calidad a través de fondos indexados puede permitirles obtener mayores rendimientos. También podrías alcanzar tus objetivos invirtiendo parte de tu dinero en empresas que pagan dividendos, pero recuerda que incluso las acciones de primera categoría pueden perder valor.

Invertir en objetivos a largo plazo

Hay que dar prioridad a los objetivos a largo plazo para poder invertir con más riesgo. Estos objetivos son los que duran más de cinco años. La jubilación es un ejemplo de objetivo a largo plazo para el que podrían faltar décadas, lo que te daría mucho tiempo para compensar posibles pérdidas. Debido a estos factores, la renta variable suele ser la mejor inversión a largo plazo en una cartera diversificada.

La mayoría de las personas consideran que utilizar un broker online, que te permite comprar diversos activos, es la forma más sencilla de invertir en acciones. Puedes invertir en empresas a través de fondos de inversión y ETF, pero ten cuidado con las elevadas comisiones. Los fondos indexados que siguen grandes índices de mercado como el S&P 500 han generado tradicionalmente rendimientos anuales en torno al 10%, lo que los convierte en inversiones fiables a largo plazo.

Los objetivos con fechas límite también pueden beneficiarse del dinero con fecha objetivo. En las etiquetas de estos fondos figura el año en que se espera alcanzar el objetivo, y luego se invierten teniendo en cuenta ese horizonte temporal. Por ejemplo, un fondo con fecha objetivo 2050 empezará invirtiendo de forma bastante agresiva y cambiará progresivamente su asignación de activos para ser más prudente a medida que pase el tiempo y se acerque la fecha final objetivo. Pueden ser racionales para planes de jubilación o de ahorro para la universidad de los hijos.

4. Comprueba periódicamente tus objetivos de inversión:

Asegúrate de que tus objetivos de inversión coinciden con tus planes revisándolos periódicamente. Es habitual que los objetivos cambien; cuando eso ocurre, debes actualizar tus inversiones.

Además, a medida que pasa el tiempo y lo que antes eran objetivos a medio o largo plazo se convierten en objetivos a más corto plazo, es crucial cambiar tus inversiones. Si tienes intención de jubilarte dentro de unos años, invertir tu dinero en renta variable tiene poco sentido. Esta evaluación rutinaria puede ayudarte a asegurarte de que tu cartera se ajusta correctamente a tus objetivos y a tu nivel de tolerancia al riesgo.

El primer paso para alcanzar tus objetivos de inversión es identificarlos. Considera tus objetivos a corto y largo plazo antes de tomar una decisión de inversión. Recuerda evaluar tus objetivos al menos una vez al año y modificar tu cartera según sea necesario. Tus objetivos pueden alcanzarse con disciplina y siguiendo un plan.

Los roboasesores pueden ser un método estupendo para que las personas que prefieren que otra persona gestione sus activos accedan a una excelente gestión de cartera a un coste mucho más asequible que contratando a un asesor financiero tradicional. Incluso puedes obtener funciones como la recuperación de pérdidas fiscales y el reequilibrio automático de la cartera.

Considera tu horizonte temporal y tu tolerancia al riesgo

La capacidad o tolerancia al riesgo de un inversor puede evaluarse utilizando su horizonte temporal. En esencia, un horizonte temporal responde a una pregunta crucial: ¿Cuándo necesitas este dinero?

Ejemplo de horizonte temporal

Casi todo el mundo tiene el mismo objetivo de inversión, que es tener una jubilación cómoda. Imagina que deseas jubilarte un poco antes, a los 65 años, en lugar de a los 67, que es la edad típica de jubilación. Si tienes 30 años en 2023, tu horizonte temporal incluye los 34 años que van desde ahora hasta 2057. Para acelerar tu progreso y sentirte lo suficientemente seguro como para dejar de trabajar en 2057, tendrás que arriesgarte más con tus activos al principio de tu carrera.

Es fundamental comprender que tendrás que considerar un horizonte temporal diferente a la hora de plantearte la jubilación. No necesitarás la suma total el día de tu jubilación. Es posible que tu dinero tenga que durar 30 años más, dependiendo de tu salud y de la esperanza de vida de tu familia.

Horizontes temporales comunes

Considerarás varios horizontes temporales de inversión a la vez porque tiene varios objetivos para tu dinero. Te resultará útil tener en cuenta el calendario a la hora de evaluar tus objetivos, ya sea ahorrar para un nuevo automóvil o prepararte para comprar una casa de vacaciones. Estos tres horizontes temporales son típicos.

Horizonte temporal a corto plazo

Un horizonte temporal a corto plazo es el dinero al que pronto necesitarás acceder. Tu fondo de emergencia, que puedes guardar en una cuenta de ahorro de alto rendimiento o en una cuenta del mercado monetario, es un ejemplo de objetivo a supercorto plazo. Si mañana ocurre lo peor, necesitarás tu dinero inmediatamente para cubrir algunas facturas. Otras necesidades financieras entran en el grupo de los objetivos a corto plazo, aunque haya un horizonte un poco más largo.

Si estás ahorrando para el pago inicial de una vivienda, puede que quieras alcanzar tu objetivo antes de que venza el contrato de alquiler dentro de 11 meses. La pérdida de valor es inasequible, pero algo más de crecimiento sería sin duda beneficioso. Tal vez lo inviertas en un certificado de depósito a corto plazo para beneficiarte del aumento de los intereses.

Horizonte temporal a medio plazo

Dependiendo de cómo veas tus objetivos, lo que entra dentro de un horizonte temporal a medio plazo puede cambiar, aunque éstos suelen tener lugar entre cinco y diez años a partir de ahora.

Por ejemplo, si estás ahorrando para la universidad de tu hijo de 9 años, tendrás que empezar a sacar dinero para la matrícula en los próximos ocho años. Los plazos más largos te permiten tolerar cierto riesgo, pero es más probable que tengas una combinación de inversiones que limite tu exposición a pérdidas significativas. Puedes, por ejemplo, repartir tus inversiones entre acciones y bonos de menor riesgo.

Horizonte temporal a largo plazo

Cuando se plantean grandes objetivos en el futuro, se trabaja con un horizonte temporal a largo plazo. La jubilación es la ilustración más obvia de una visión a largo plazo para un inversor joven. Tienes décadas de trabajo por delante si tienes entre 20 y 30 años. Tu capacidad para gestionar los riesgos de pérdida en tu cartera de inversión aumenta con el tiempo.

¿Por qué es crucial comprender tu horizonte temporal?

Debes conocer tu horizonte temporal para desarrollar una estrategia de inversión que te permita alcanzar tus objetivos. Una distinción crucial entre la rentabilidad de la inversión y el rendimiento de tu inversión dependerá del horizonte temporal. Tu atención se desplaza hacia tu rentabilidad puesto que tienes un horizonte temporal más corto; quieres estar seguro de poder recuperar tu inversión inicial. Por ejemplo, si sabes que necesitarás el dinero en un año, no tendrás mucho tiempo para dejarlo crecer y no tendrás mucho margen para arriesgarte a perderlo.

Sin embargo, si tienes un horizonte temporal más largo, estarás considerando el significado típico de ROI, que es el retorno de la inversión. Puedes tolerar una mayor volatilidad para obtener mayores rendimientos gracias al lujo de disponer de más tiempo.

Cómo determinar tu horizonte temporal para invertir

Saber cuándo necesitarás este dinero te permite comprender mejor tu horizonte temporal de inversión. Puedes calcular cuánto necesitarías ahorrar con una rentabilidad anual media utilizando la sencilla calculadora de ahorro de Bankrate.

Recuerda que tus asignaciones de inversión cambiarán a medida que lo haga tu horizonte temporal. Deberás adoptar una postura más prudente cuando se acerque la fecha de vencimiento de tu dinero. Por ejemplo, tu jubilación tiene un futuro lejano cuando tienes 25 años. La retirada inicial de tu cuenta de jubilación a los 60 años tendrá un horizonte temporal a corto plazo. Tu atención se desviará del crecimiento y se centrará en la protección frente a las pérdidas.

6

Construir una cartera equilibrada con fondos indexados

Construir una cartera equilibrada es una tarea importante y un arte de la inversión. Tu cartera de inversiones incluye todas tus participaciones, como las acciones, los bonos, los fondos de inversión y los fondos cotizados en bolsa de tus cuentas de corretaje, de jubilación y de otro tipo. Una cartera equilibrada te ayudará a gestionar el riesgo de mercado y a alcanzar tus objetivos a largo plazo.

Estrategias de asignación de activos para el crecimiento a largo plazo

La asignación de activos se refiere a la variedad de inversiones de una cartera. Mantener una asignación de activos adecuada es probablemente la decisión más importante que pueden tomar los inversores a largo plazo. Representa el porcentaje de acciones, bonos y efectivo en cualquier cartera.

Según Jack Bogle, creador de Vanguard, la asignación de tus activos -específicamente, qué proporción de tus activos debe estar en acciones- es la decisión más fundamental a la hora de invertir. ¿Cuántos bonos debes tener? ¿Cuánto efectivo debes tener a mano?".

Los bonos y las acciones tienen ventajas e inconvenientes diferentes. Según la historia, las acciones suelen tener un mejor índice de rentabilidad que los bonos a largo plazo. Las acciones han experimentado una rentabilidad media anual de más del doble que los bonos desde 1926. Además, las acciones tienen una mayor volatilidad. La volatilidad de una cartera se reduce con los bonos, pero los rendimientos previstos disminuyen.

Dada esta dinámica, elegir entre la asignación de acciones y la de bonos puede parecer un reto. Este capítulo examinará los modelos de asignación de activos desde dos ángulos diferentes. En primer lugar, analizaremos la asignación de acciones a bonos y cómo afecta a la volatilidad y los rendimientos de una cartera. A continuación, analizaremos algunas carteras de inversión de ejemplo que cualquier inversor puede utilizar para poner en práctica su asignación de activos definitiva.

Un plan de asignación de activos incluye algo más que acciones y bonos, así que tenlo en cuenta. Por ejemplo, al asignar la renta variable, pueden tenerse en cuenta factores como la capitalización bursátil, la geografía (acciones estadounidenses frente a acciones de todo el mundo) y alternativas (como bienes inmuebles y materias primas). Algunas de estas clases de activos se tendrán en cuenta en las siguientes carteras modelo.

Modelos básicos de asignación de activos

Como ya se ha mencionado, la distribución de fondos entre acciones y bonos es la elección más crucial de un inversor. Gracias a muchos datos históricos, conocemos el comportamiento a largo plazo de diversas asignaciones de acciones y bonos.

100% Cartera de obligaciones

Basándose en datos de 1926 a 2018, Vanguard ofrece información sobre el riesgo y la rentabilidad históricos de varias metodologías de asignación de carteras. Por ejemplo, una cartera de bonos suele generar una rentabilidad anual del 5,3%. 1982 fue su mejor año, con una rentabilidad del 32,6%. En su peor año, 1969, se desplomó un 8,1%. En 14 de los 93 años de datos históricos presentados por Vanguard se produjo una pérdida de valor para las carteras de bonos del 100%.

100% Cartera de acciones

En cambio, una cartera exclusivamente de acciones obtuvo una rentabilidad media anual del 10,1%. 1933 fue el mejor año, con un rendimiento del 54,2%. Su peor año, 1931, sólo dos años antes, registró un descenso del 43,1%. La investigación de Vanguard abarcó 93 años, durante los cuales la cartera perdió valor 26 veces.

Las diferencias entre estas dos carteras extremas ponen de relieve las ventajas e inconvenientes de las inversiones en renta fija y variable. Los rendimientos a largo plazo de las acciones son muy superiores, pero la cartera de sólo acciones tuvo una volatilidad mucho mayor. Los inversores deben decidir cuánta volatilidad pueden soportar, teniendo en cuenta al mismo tiempo los rendimientos necesarios para alcanzar sus objetivos financieros.

Modelos de asignación de activos basados en los ingresos, el equilibrio y el crecimiento

Podemos clasificar los modelos de asignación de activos en tres grandes categorías: carteras de rentas (que contienen entre un 70% y un 100% de renta fija), carteras equilibradas (que contienen entre un 40% y un 60% de renta variable) y carteras de crecimiento (que contienen entre un 70% y un 100% de renta variable).

Una cartera de crecimiento suele aconsejarse a los inversores que planean jubilarse tras una larga carrera profesional. Independientemente del modelo de asignación de activos que elijas, sería útil que decidieras cómo ponerlo en práctica. En la siguiente sección examinaremos tres carteras sencillas de asignación de activos, que puedes utilizar para construir una cartera de rentas, equilibrada o de crecimiento.

3 carteras para una asignación sencilla de activos

Se podrían construir varias carteras de asignación de activos para llevar a cabo una estrategia de inversión. Aquí lo mantendremos sencillo y examinaremos tres estrategias fundamentales. Aunque su complejidad aumenta, todas ellas son bastante fáciles de aplicar.

La cartera de un solo fondo

Con un solo fondo con fecha objetivo, puedes poner en práctica una estrategia de asignación de activos. La mayoría de los planes 401(k) cuentan con fondos de jubilación con fecha objetivo para dos fines cruciales.

Comienzan distribuyendo los fondos de un inversor entre varios fondos de inversión diversos. En estos fondos se invierte tanto en bonos como en acciones. Suelen incluir participaciones en acciones nacionales y extranjeras, bonos y empresas de pequeña y gran capitalización.

En segundo lugar, el fondo de jubilación con fecha objetivo cambia gradualmente su asignación de activos a favor de valores de renta fija, como los bonos, a medida que el inversor se acerca a la jubilación. De este modo, se reduce la volatilidad de la cartera a medida que el inversor se acerca al momento en el que se dependerá cada vez más de ella para pagar los gastos de la jubilación.

Los fondos con fecha objetivo suelen clasificarse en función del año en que el inversor tiene previsto jubilarse. Por ejemplo, un inversor que prevea jubilarse dentro de unos 35 años puede optar por el fondo Vanguard Target Retirement 2055 (VFFVX). Este fondo invierte en fondos de bonos estadounidenses y extranjeros y en fondos de inversión de acciones estadounidenses y extranjeras. Su enfoque de asignación de activos tiene actualmente un 90% de acciones, un 10% de bonos y reservas de efectivo a corto plazo. Por supuesto, a medida que nos acerquemos a 2055, esta asignación empezará a inclinarse hacia los bonos.

Cuando pienses en los fondos con fecha objetivo, ten en cuenta las tres cosas siguientes:

- **Las comisiones de los fondos con fecha objetivo pueden ser muy elevadas** - Los fondos de jubilación con fecha objetivo de Vanguard son baratos, mientras que algunos proveedores de fondos de inversión cobran más de 50 puntos básicos.

- **Una cuenta sujeta a impuestos podría no ser una buena opción para los fondos de fecha objetivo** - Los fondos de jubilación de fecha objetivo podrían no ser la mejor opción para una cuenta de inversión sujeta a impuestos porque contienen bonos y otros instrumentos de renta fija.

- **No es necesario invertir en un fondo con fecha objetivo que corresponda al año en que tienes previsto jubilarse** - Independientemente del año en que tengas previsto jubilarte, puedes encontrar un fondo de jubilación con fecha objetivo que siga tu estrategia preferida de asignación de activos.

La cartera de 2 fondos

Considera una estrategia de dos fondos si deseas un mayor control sobre tu asignación de activos. Puedes crear una cartera de inversión sólida utilizando sólo dos fondos indexados diversificados.

Por ejemplo, puedes invertir tu asignación de acciones en un fondo indexado de mercado total que incluya empresas nacionales y extranjeras. La parte destinada a bonos podría añadirse posteriormente a un fondo indexado que contenga todos los bonos. La asignación de acciones/bonos que desees puede implementarse de forma sencilla con esta cartera.

A modo de ejemplo, aquí tienes dos fondos de inversión de Vanguard que podrían utilizarse para crear una cartera de dos fondos: Vanguard Total World Stock Index Fund (VTWAX) y Vanguard Total Bond Market Index Fund (VBTLX).

A primera vista, podría parecer que una cartera de este tipo no ofrece suficiente diversificación. Sin embargo, el Vanguard Total World Stock Index Fund invierte en más de 8.400 empresas. Además, estas empresas tienen sedes en todo el mundo. El Vanguard Total Bond Market Index Fund compra más de 9.000 bonos. En otras palabras, incluso esta cartera de dos fondos tiene muchas inversiones.

La cartera de 3 fondos

Considera una cartera de tres fondos si deseas tener aún más control sobre tu asignación. En esta cartera hipotética, la asignación de acciones se divide entre fondos de inversión, uno de los cuales invierte en acciones estadounidenses y el otro en acciones extranjeras. De este modo, el inversor puede influir más en la proporción de acciones que invierte en empresas estadounidenses y la que invierte en empresas extranjeras.

El Vanguard Total Stock Market Index Fund (VTSAX), el Vanguard Total International Stock Index Fund (VTIAX) y el Vanguard Total Bond Market Index Fund (VBTLX) son tres fondos de inversión que podrían utilizarse para aplicar la estrategia de los tres fondos.

Otras empresas de fondos de inversión ofrecen fondos indexados similares y pueden utilizarse para aplicar la estrategia de tres fondos. Fidelity ofrece diversos fondos indexados, como el Fidelity Zero Total Market Index Fund (FZROX), el Fidelity Zero International Index Fund (FZILX) y el Fidelity U.S. Bond Index Fund (FXNAX).

La mayoría de los proveedores de fondos de inversión importantes tienen fondos de jubilación con fecha objetivo y fondos indexados comparables que pueden utilizarse para construir cualquiera de las tres carteras anteriores.

Presta atención a las tasas

Ten en cuenta los costes de inversión cuando elijas tu plan de asignación de activos y lo pongas en práctica. Para toda una vida de inversión, una comisión tan pequeña como 50 puntos básicos puede reducir tus rendimientos. Por lo general, intenta reducir los costes de inversión a un máximo de 25 puntos básicos; lo ideal es mantenerlos por debajo de diez puntos básicos.

7

Acumular riqueza con el promediado del coste del dólar

Uno de los métodos más sencillos para aumentar la rentabilidad sin aumentar el riesgo es el promediado del coste en dólares (Dollar-Cost Average), que también es una forma excelente de aprender a invertir comprando y manteniendo. Para quienes desean establecer sus inversiones y ocuparse de ellas ocasionalmente, el promediado del coste en dólares es incluso preferible. Es uno de los métodos de inversión más eficaces y sencillos, perfecto para los inversores principiantes.

He aquí la definición y las aplicaciones del dollar-cost averaging para maximizar el rendimiento de las inversiones.

¿Qué es Dollar-Cost Averaging o el promediado del coste en dólares?

Invertir una cantidad fija de dinero en una cartera con regularidad, normalmente mensual o quincenalmente, se conoce como promediar el coste en dólares. Al aumentar tus ahorros con cada nómina si tienes un plan de jubilación 401(k), ya estás utilizando técnicas de promediación del coste en dólares.

La sincronización del mercado es la práctica de invertir todo el dinero a la vez, y puede ser arriesgada si se invierte cuando una acción alcanza su punto más alto, arriesgándose a una pérdida significativa si la acción cae desde allí. Al hacerlo a lo largo del tiempo, estarás dispersando los puntos de compra y evitando esta práctica. Estarás comprando a lo largo del tiempo y promediando tus precios de compra si utilizas el promediado del coste en dólares.

El promediado del coste en dólares te permite beneficiarte de un mercado agitado. Añadir fondos con regularidad te permitirá comprar cuando el mercado esté más débil, reduciendo tu precio medio de compra y dando lugar a la adquisición de más acciones. Tu pago regular te permitirá comprar menos acciones cuando el mercado suba, pero ya tendrás acciones de compras anteriores, por lo que seguirás obteniendo beneficios y no perderás por completo.

El promediado del coste en dólares también puede tener otras ventajas. La gente deja de comprar acciones cuando se vuelven asequibles por ansiedad cuando la renta variable baja y para evitar más pérdidas a corto plazo. Establecer un calendario de compras coherente cuando los mercados (y tú) están tranquilos te ayudará a evitar este sesgo psicológico y a beneficiarte de las caídas del precio de las acciones cuando otros inversores empiezan a ponerse nerviosos.

Si reinviertes tus dividendos, la técnica de promediar el coste en dólares se aplica también a esos pagos trimestrales de dividendos, lo que te permite acumular aún más acciones. Con el tiempo, convertirás tus dividendos en efectivo en más acciones y, una vez puesto en marcha el programa, no tendrás que hacer nada. Con el tiempo, ¡empezarás a recibir dividendos sobre tus dividendos!

Una estrategia de reinversión se puede configurar rápidamente por adelantado. Luego la pones en piloto automático y delegas el resto en tu broker. Y eso es ideal para los inversores solitarios que quieren ocuparse de su dinero lo antes posible.

Ejemplo de promediado del coste en dólares

Pensemos en un empleado que invierte el 10% de su salario mensual de 3.000 dólares en un fondo indexado S&P 500 a través de su plan 401(k). Este individuo recibe $3.000 cada mes. El número de acciones adquiridas varía mensualmente debido a los cambios en el precio del fondo, pero siempre se invierten $300.

A pesar de que el fondo sólo crece, el valor de las inversiones del empleado sobre su aportación total de $3.000 aumentará en un pequeño porcentaje. El empleado puede aprovechar la volatilidad del mercado comprando más participaciones a precios más bajos.

¿Es eficaz el promediado del coste del dólar?

Dependiendo de tus circunstancias, el promediado del coste del dólar puede ser una buena estrategia de inversión, tanto si debes planificar tus compras en función de las condiciones del mercado como si debes utilizar la estrategia del promediado del coste del dólar para realizar compras periódicas a lo largo del tiempo. A la mayoría de la gente le conviene una estrategia de inversión constante, porque se ha demostrado que es extremadamente difícil medir el tiempo del mercado.

Otro problema es que la mayoría de la gente invierte su dinero a medida que lo gana, a menudo a través de un plan 401(k) en el trabajo. Dado que se invierte lo que se puede en cuanto se dispone de dinero para invertir, el promediado del coste del dólar tiene sentido en esta situación. Sin embargo, no te gustaría distribuir una herencia enorme -digamos 100.000 dólares- para invertirla a lo largo de varios años. En ese caso, lo mejor es invertir el dinero de forma bastante inmediata, aunque también puedes alargar las compras durante unos meses para beneficiarte de la volatilidad potencial.

Inconvenientes del promediado del coste en dólares

El mayor inconveniente del promediado del coste en dólares es que probablemente te irá mejor si inviertes totalmente en cuanto puedas en un mercado que suele aumentar con el tiempo. Sin embargo, el promediado del coste en dólares es la segunda mejor opción porque la mayoría de la gente ahorra e invierte a medida que gana.

Ayudaría si siguieras eligiendo inversiones subyacentes sólidas, lo cual es un inconveniente. El método de tu primera inversión no te ayudaría si tuvieras que promediar el coste en dólares en una mala inversión. La estrategia funciona bien con fondos de base amplia con un rendimiento sólido a largo plazo, como un fondo índice S&P 500.

Cómo calcular el promedio del coste en dólares

Puedes configurar manualmente el promediado del coste en dólares para tu cuenta o hacerlo automáticamente. Si seleccionas el método manual, elegirás un día regular (mensual, quincenal, etc.), visitarás a tu agente de bolsa, comprarás la acción o el fondo, y ya habrás terminado hasta la fecha siguiente.

El método automático requiere un poco más de trabajo inicial, pero es mucho más sencillo a largo plazo. Además, como no tendrás que realizar ninguna acción, te resultará más fácil seguir comprando cuando el mercado baje. Aunque configurar tus compras automáticas pueda parecer difícil, no lo es.

Es importante encontrar corredores con características adicionales, como un excelente servicio de atención al cliente y recursos educativos, porque casi cualquier corredor puede configurar un plan de compras automáticas.

Estos son los pasos para automatizar completamente el promediado del coste del dólar:

1. Decide una inversión:

Sería útil que primero decidieras qué vas a comprar. ¿Deseas comprar acciones? ¿O vas a elegir un fondo de inversión o un fondo cotizado en bolsa (ETF)?

Si compras una sola acción, probablemente variará más que un fondo. Sin embargo, encontrar un corredor de bolsa que te permita comprar acciones automáticamente puede ser complicado.

Si inviertes en un fondo, debería fluctuar menos que una sola acción y estás más diversificado, por lo que no te afectará tan negativamente si una acción concreta cae bruscamente.

El índice Standard & Poor's 500 es la base de algunos de los fondos más diversificados, que suelen elegir los inversores menos experimentados. Este índice es el punto de referencia de una amplia cartera de empresas y comprende cientos de compañías de los principales sectores. Estas son algunas de las mejores opciones para adquirir un fondo basado en el índice S&P.

En cualquiera de los casos, debes fijarte en el símbolo del valor, que es el nombre abreviado de la acción o el fondo.

2. Habla con tu agente:

Ya has elegido su inversión. Intenta establecer ahora un plan de compra automatizado para esa inversión con tu agente de bolsa. Si puedes, estarás preparado para pasar a la siguiente acción.

Sin embargo, algunos brokers sólo permiten establecer un plan automatizado con fondos de inversión. Si es así, deberías plantearte abrir otra cuenta de corretaje que te dé total libertad. Las cuentas de corretaje múltiples también tienen otros beneficios significativos, y normalmente puedes obtener mucho valor por tener varias cuentas.

3. Calcula tu capacidad financiera:

Ahora que tienes un corredor que puede llevar a cabo tu estrategia de trading automático, es el momento de determinar tu capacidad de inversión mensual. Deberías poder dejar tu dinero en una inversión durante al menos tres o cinco años con cualquier tipo de acción o fondo.

Intenta dar tiempo a la inversión para que crezca y supere las pérdidas temporales de precios, porque las acciones pueden cambiar mucho en periodos cortos. Por lo tanto, tendrás que ser capaz de sobrevivir únicamente con tus reservas de efectivo en ese tiempo.

Calcula tu presupuesto de inversión, empezando por tu presupuesto mensual. ¿Cuánto dinero puedes invertir una vez que tengas un fondo de emergencia? Es crucial empezar a contribuir regularmente, aunque la cantidad sea pequeña al principio.

El promediado del coste en dólares es ahora más asequible que nunca porque todos los principales corredores de bolsa ya no cobran comisiones por operar con acciones y ETF, y los mejores corredores de fondos de inversión te permiten ahorrarte las comisiones de miles de fondos de inversión. Esto demuestra que puedes empezar a construir tus ahorros con cualquier cantidad de dinero.

4. Planifica tu estrategia automática:

Puedes configurar un plan de negociación automática con tu corredor de bolsa utilizando el símbolo de cotización de la acción o fondo, la cantidad que compras habitualmente y la frecuencia con la que deseas que se ejecute la operación. Aunque cada corredor tiene un procedimiento de configuración diferente, necesitarás estos datos básicos. Tu corredor puede ayudarte si tienes cualquier otra duda.

Además, si tu acción o fondo paga dividendos, ahora puede ser un buen momento para que tu corredor configure la reinversión automática de dividendos. Cualquier dividendo en efectivo se utilizará para adquirir nuevas acciones, y siempre puedes comprar acciones fraccionadas, poniendo todo el valor del dividendo a trabajar en lugar de dejarlo reposar en efectivo durante mucho tiempo generando un interés mínimo o nulo. Así, tu dividendo seguirá generando dividendos incluso después del siguiente dividendo.

El promediado del coste en dólares es una estrategia sencilla que utiliza un mercado de valores volátil para ayudar a reducir el riesgo y aumentar la rentabilidad. Puedes sentarte y dedicarte a tus pasiones en lugar de invertir tiempo si registras tu cuenta de corretaje para comprar acciones o fondos de forma automática y regular. En inversión, siempre se pueden conseguir mejores resultados con menos trabajo.

8

El papel del reequilibrio en la inversión en fondos indexados

Tu cartera puede desequilibrarse debido a la volatilidad del mercado y a los tipos de inversiones que tienes. Tu respuesta a esta situación mantendrá tu cartera en línea con tus objetivos a largo plazo... o pondrá tu futuro en un riesgo innecesario.

A continuación describimos el reequilibrio de carteras, cuándo utilizarlo y sus numerosas ventajas. Puede resultar difícil decidir si realizar ajustes... y cuándo dejar las cosas como están debido a las subidas y bajadas del mercado. Sin embargo, una estrategia sistemática de reequilibrio puede resultar útil.

Así pues, este capítulo te gustará si quieres descubrir cómo invertir de forma más inteligente sin trabajar más.

Reequilibrar la cartera: ¿Qué es?

El reequilibrio de la cartera implica la compra y venta de piezas para restablecer las ponderaciones de las distintas clases de activos a sus asignaciones originales. Además, el reequilibrio puede utilizarse para actualizar las ponderaciones de cada clase de activos o valores de la cartera para ajustarse a una nueva asignación de activos objetivo si ha cambiado la estrategia de inversión o la tolerancia al riesgo de un inversor.

Dicho reequilibrio determina la asignación de activos en la cartera utilizando un método de media ponderada. El reequilibrio conlleva principalmente compras o ventas rutinarias de activos para mantener el nivel de asignación de activos deseado sin salirse de unos parámetros de riesgo predeterminados.

Para entender mejor el reequilibrio de la cartera, utilicemos un ejemplo.

Ritu elige tener una cartera con una combinación de activos del 50% de renta variable y el 50% de renta fija. Las acciones de su cartera podrían aumentar de valor si obtuvieran buenos resultados durante el período. En ese caso, puede vender algunas acciones y colocar parte de los beneficios en bonos para asegurarse de que la estructura de la cartera se mantiene alineada con su objetivo a largo plazo del 50%.

¿Cuándo debe un inversor reequilibrar su cartera?

La mayoría de los inversores crean sus planes de inversión pensando en el largo plazo. Sin embargo, puede haber circunstancias en las que deban reevaluar la composición de sus carteras y optar por reequilibrarlas. He aquí algunos casos que demuestran cuándo es apropiado reequilibrar una cartera: Un cambio en la tolerancia al riesgo del inversor, la inminente consecución de un objetivo financiero o la inminente jubilación del inversor.

La asignación de activos de una cartera puede restablecerse mediante un reequilibrio si cambian los objetivos de inversión, los horizontes temporales o el nivel de tolerancia al riesgo del inversor. Es fundamental recordar que cambiar la asignación de activos no siempre se traduce en mayores rendimientos o en un seguro contra posibles pérdidas futuras.

Reequilibrio de carteras: ¿Cómo funciona?

Supongamos que las acciones de tu cartera se han revalorizado debido a los cambios bursátiles de los últimos tres años. Si el nivel actual supera la tolerancia al riesgo del inversor, el reequilibrio de la cartera te permite volver a la asignación original.

¿Cómo puede lograrlo un inversor?

En general, hay tres formas principales de reequilibrar una cartera. Sin embargo, ninguna de ellas puede asegurar los beneficios. Los inversores deben seleccionar la mejor estrategia de reequilibrio.

- **Reequilibrar periódicamente** - Los inversores pueden elegir un día y una hora para revisar sus inversiones. Se recomienda una revisión anual de las inversiones. El reequilibrio periódico requiere poco tiempo por parte del inversor y puede ayudar a desarrollar cierta disciplina. Una desventaja de esta estrategia es que los inversores pueden dejar pasar fantásticas oportunidades de mercado para reequilibrar su cartera.

- **Reequilibrio de la banda de tolerancia** - El reequilibrio dentro de una banda de tolerancia trata de volver a alinear la asignación de activos de un inversor con la asignación de activos original basándose en la desviación porcentual del activo. Normalmente, los inversores pueden fijar un umbral del 5% antes de reequilibrar y controlar la desviación.

  Por ejemplo, Smriti colocó el 40% de su dinero en bonos y el 30% en blue chips, midcaps y small caps. El techo de tolerancia de cada clase de activos se fija en +/-5%. Si las participaciones se salen del rango de tolerancia, Smriti reequilibra la cartera para restablecer su composición original.

- **Invertir dinero fresco** - Utilizando este método, el inversor puede aumentar el tamaño de la cartera en lugar de completar un reequilibrio de la cartera y vender activos de alto rendimiento. En otras palabras, el inversor puede añadir efectivo a la clase de activos necesaria para preservar una asignación de activos específica.

¿Con qué frecuencia debe reequilibrarse tu cartera?

Algunos inversores, que son day traders, revisan sus carteras a diario. Aunque no es necesario para todos, esto no implica que no deba supervisarse la cartera. Es crucial evaluar el éxito de la cartera con regularidad. He aquí algunas sugerencias para quienes se debaten sobre si deberían pensar en reequilibrar sus carteras:

Los inversores que invierten principalmente en acciones, bonos, fondos de inversión, ETF y otros valores similares deberían reequilibrar sus carteras al menos una vez al año.

Para que no te pille desprevenido cuando más necesites tus finanzas, considera la posibilidad de reequilibrarlas más a menudo (semestral o trimestralmente) si te estás acercando a tu objetivo.

Ventajas de reequilibrar la cartera

A continuación se enumeran algunas de las principales ventajas del reequilibrio de carteras:

- **Controlar los riesgos** - Reequilibrar tu cartera te permite controlar eficazmente tus riesgos. La tolerancia al riesgo y los rendimientos de la inversión pueden alcanzar o superar ocasionalmente las expectativas a lo largo de cualquier horizonte temporal de inversión. Los inversores pueden ajustar la asignación de activos y mantener los riesgos dentro de límites aceptables supervisando periódicamente las carteras.

- **Reducir las pérdidas** - Las inversiones pueden sincronizarse con los cambios del mercado mediante un reequilibrio rutinario, que puede reducir las pérdidas. El objetivo es pasar de inversiones deficitarias y perdedoras a otras con mejores perspectivas. Los inversores pueden minimizar las pérdidas si lo hacen con prontitud. Sin embargo, se requiere una observación continua y cierto nivel de competencia para detectar estos cambios.

¿Tiene precio reequilibrar una cartera?

Dependiendo de la frecuencia y la magnitud de los ajustes, reequilibrar una cartera puede resultar caro para un inversor. Los inversores deben tener en cuenta las siguientes comisiones asociadas al reajuste de sus carteras:

Para los inversores que incluyen acciones y bonos en su cartera, el reequilibrio suele conllevar el pago del Impuesto sobre Transacciones de Valores (STT), así como el coste del corretaje. Estos se aplican al comprar o vender dichos valores.

Si se realiza dentro de un plazo determinado después de la fecha de inicio, se aplican comisiones de salida del 2% a los fondos de inversión por operaciones de venta.

En función del tiempo invertido, se aplican plusvalías a corto y largo plazo al vender fondos de inversión de renta variable o de deuda.

Los inversores que consideran que la distribución de activos es crucial para lograr rendimientos reales deben reequilibrar periódicamente sus carteras. Aunque la distribución de carteras pueda parecer complicada en un principio, es bastante sencilla, sobre todo después de que el inversor comprenda la arquitectura de la cartera y la configuración de riesgo-rentabilidad relacionada.

¿Cómo puedes reequilibrar tu cartera?

La idea es que cada inversión debe estar vinculada a un objetivo financiero específico cuando distribuyas tu dinero entre varios fondos de inversión. Así te asegurarás de mantener el compromiso y el calendario para alcanzar ese objetivo financiero. Por lo tanto, ten en cuenta realizar los cambios en todas las clases de activos a la vez cuando comiences una actividad de reequilibrio de cartera debido al cambio en el perfil de riesgo.

He aquí cinco métodos sencillos para reequilibrar tu cartera:

- **Paso 1** - Dispón de un plan o marco de asignación de activos creado tras considerar tus ingresos, edad prevista de jubilación, tolerancia al riesgo, etc. Consulta a un experto financiero si no tienes claro cómo proceder. Dedica todo el tiempo que sea necesario a recopilar toda la información para elaborar la estrategia de forma exhaustiva.

- **Paso 2** - Determina dónde y cómo están asignadas tus inversiones actuales entre acciones, efectivo, bonos y otras inversiones para determinar tu asignación actual de activos. Compara después la asignación de activos deseada y tu situación actual. Toma las medidas correctivas adecuadas.

- **Paso 3** - Desarrolla una estrategia de reequilibrio si tu asignación de activos objetivo no coincide con tu cartera. Elegir qué valores mantener y en qué número durante este paso puede resultar complicado. Aquí, un consultor será bastante beneficioso.

- **Paso 4** - Considera las ramificaciones fiscales, en

particular sobre las plusvalías. Mantener las acciones durante más de un año te ayudará a evitar el pago de impuestos sobre las plusvalías a corto plazo. En el caso de los fondos de deuda, las plusvalías a corto plazo estarán sujetas a impuestos en función del tramo impositivo de la renta de la persona. El tipo de indexación del impuesto sobre las plusvalías a largo plazo es del 20%. Procura vender primero los valores de las cuentas exentas de impuestos para reducir el gasto. Puedes reducir así los impuestos sobre las plusvalías que pagas.

- **Paso 5** - Evalúa la posición de tu cartera al menos una vez al año, pero sólo reequilibra si la asignación obstaculiza seriamente tu capacidad para alcanzar tus objetivos.

En resumen, reequilibrar una cartera implica encontrar y aplicar una estrategia que funcione bien para ti como inversor. Nunca debes limitarte a copiar lo que le ha dado buenos resultados a otra persona. También implica revisar e introducir mejoras acertadas teniendo en cuenta las repercusiones fiscales y de otro tipo.

9

Seguimiento y revisión de tu cartera de fondos indexados

Elegir valores sólidos y darles el tiempo adecuado para que produzcan riqueza son componentes clave para invertir con éxito. Dado que la mayoría de los inversores ignoraban felizmente los cambios en la economía o los ligeros cambios en las empresas en las que participaban, la estrategia de comprar y mantener ha funcionado históricamente a las mil maravillas.

Así, si hubieran invertido en valores de alta calidad, habrían generado grandes beneficios a largo plazo. Internet ha dejado obsoleta la ignorancia a medida que el mundo ha ido evolucionando.

Hoy en día, vigilar tu cartera es tan crucial para tu éxito como inversor como elegir las acciones adecuadas. Esto va más allá de configurar el mejor rastreador de carteras de índices y revisar los resultados.

Pero, ¿cómo se controla exactamente una cartera de fondos indexados? ¿Se trata simplemente de seguir la evolución de los precios? ¿O tiene más de un ángulo? Examinemos un método más práctico para supervisar tu cartera de valores. Sigue leyendo

¿En qué consiste el seguimiento de tu cartera de fondos indexados?

Lo primero es lo primero: un error común entre los inversores es creer que vigilar una cartera consiste en seguir las ventas y las variaciones de precios. Es mucho más que el precio actual de mercado, aunque éste sea un elemento del proceso de supervisión.

Como inversor a largo plazo, quieres concentrarte en las competencias básicas de la empresa, tus resultados financieros y tu solidez directiva y operativa.

En la sociedad actual, un solo contenido en las redes sociales puede hacer triunfar o fracasar a una empresa. Por lo tanto, el método clásico de comprar y mantener, en el que se hacía una inversión y se dejaba de lado durante cinco a diez años, ya no es aplicable.

Hay que mantenerse al día de los resultados de la empresa, su calificación crediticia y cualquier cambio que pueda afectar a la actitud de los inversores o compradores.

Además, ¡estafas e impagos! Empresas como Satyam Computers (India), Enron (EE.UU.) y otras demuestran que algunos equipos de gestión intentarán triunfar a costa de los accionistas. Es necesario supervisar los fondos indexados.

Quiero señalar que debes evitar vigilar a menudo la cotización del mercado utilizando un rastreador de cartera o calculando tus ganancias después de cada jornada bursátil antes de que te proporcione algunos consejos para ayudarte a vigilar tu cartera de acciones.

Ésta suele ser una táctica improductiva, ya que la vigilancia continua de los precios puede provocar una respuesta emocional que te haga desviarte de tu estrategia de inversión a largo plazo. También puede provocar el deseo de cronometrar el mercado para ganar dinero rápidamente.

¿Cómo controlar tu cartera de fondos indexados?

El concepto principal que subyace a una supervisión eficaz de los fondos indexados es vigilar el rendimiento de la empresa en contraposición a los cambios en el precio de las acciones. Los siguientes consejos pueden ayudarte a abordar la cuestión de cómo vigilar tu cartera de fondos indexados:

1. Mantente informado con las noticias más recientes de la empresa:

Los resultados de una empresa en un sector determinado y en su conjunto se ven influidos por diversos factores. Puede tratarse de acontecimientos macroeconómicos que repercuten en los resultados de la empresa en los frentes político, social, económico o de otro tipo.

Por ello, es fundamental estar al día de las noticias y acontecimientos que puedan afectar a la empresa. Asegúrate también de mantenerte informado de cualquier anuncio de la empresa.

2. Examina los resultados trimestrales de la empresa:

Cada trimestre, todas las empresas estadounidenses publican sus resultados financieros. La mayoría de las veces, las empresas los publican en los 45 días siguientes a la conclusión del trimestre fiscal. Asegúrate de examinar detenidamente estos resultados y comprender los resultados financieros de la empresa.

Los beneficios pueden seguir a las pérdidas de un trimestre en el siguiente. Sin embargo, debes asegurarte de intentar comprender el panorama general y considerar también las perspectivas de la empresa.

Además, es crucial tener en cuenta el estado general de la economía a la hora de evaluar el éxito financiero de una empresa. Si descubres que la empresa presenta constantemente resultados inferiores a los esperados, es posible que desees analizar las circunstancias y tomar las medidas necesarias.

3. Presta atención a las comunicaciones de la empresa:

Toda empresa debe notificar legalmente a la bolsa cualquier circunstancia que afecte a la cotización de sus acciones. Esto puede incluir una larga lista de cosas, como la apertura de una nueva fábrica, fusiones y adquisiciones, cambios en la alta dirección, promotores que compran o venden acciones, etc.

Todas estas notificaciones se actualizan en el sitio web de la bolsa. Los inversores deben estar atentos a estas declaraciones corporativas, ya que les proporcionarán una imagen más clara de la dirección de la empresa, permitiéndoles tomar decisiones informadas sobre la adquisición de acciones adicionales o la venta de sus participaciones actuales.

4. Presta atención a cualquier modificación en el patrón accionarial:

Las empresas también deben comunicar su composición accionarial cada tres meses. Las empresas suelen actualizar los datos en su sitio web después de cada trimestre natural.

Como accionista, debes considerar detenidamente este elemento y contrastarlo con la tendencia accionarial a lo largo de los trimestres anteriores. Te permitirá determinar si los promotores aumentan su inversión o la abandonan.

Esto es crucial porque el promotor (que conoce la empresa desde dentro) está ampliando su exposición; un aumento de las participaciones suele indicar el potencial de crecimiento de una empresa.

Esto sugiere que si los promotores están abandonando gradualmente la organización, debes estar muy alerta y tratar de identificar cualquier posible obstáculo que pueda encontrar la empresa.

5. Verifica la calificación crediticia de la empresa:

Las empresas tienen calificaciones crediticias al igual que las personas. Una vez al año, organizaciones de calificación como CRISIL, ICRA, CARE, etc., evalúan y califican la situación financiera de las empresas.

Estas calificaciones y un documento en el que se describen las ventajas y desventajas crediticias de la empresa se publican en los sitios web de estas organizaciones. Una empresa con una mala calificación crediticia es un mal indicador, ya que sugiere que la dirección no puede gestionar eficazmente sus deudas y puede acabar poniendo en peligro a la empresa.

6. Supervisa la cotización de las acciones:

Aunque no es aconsejable, si no tienes tiempo para supervisar tus acciones a menudo, puedes buscar un rastreador de cartera de acciones que te permita vigilar el precio de las acciones a diario.

Por ejemplo, Groww ofrece un panel de control centralizado en el que puedes supervisar en tiempo real los cambios de precio de tus acciones.

Para evitar tomar decisiones basadas en las emociones, debes asegurarte de que esto sólo lo haces con fines de seguimiento. El seguimiento de los precios es similar a una estrategia post-facto, en el sentido de que te darás cuenta de una bajada o subida de los precios antes de conocer las causas. En consecuencia, puede ayudarte a comprender el negocio.

7. Evaluar el compromiso de participación del promotor:

Las empresas también publican información sobre las acciones de los promotores pignoradas cada trimestre y las pautas de participación. Como inversor, debes examinar detenidamente el importe pignorado porque suele ser uno de los primeros indicios de que la empresa atraviesa dificultades financieras.

Si el promotor no puede devolver el préstamo, los prestamistas pueden vender las acciones en el mercado, lo que perjudicará el precio de la acción. En consecuencia, debes ser prudente antes de invertir en una empresa cuyos promotores hayan pignorado sus acciones.

Aparte de los métodos mencionados, hay muchas otras formas de supervisar los fondos indexados. Algunos inversores visitan las instalaciones de la empresa para comprender mejor su funcionamiento o asisten a las Juntas Generales Anuales (JGA) que celebran las empresas en las que tienen inversiones.

Hay varios métodos para hacerlo, pero lo más importante es mantenerte informado y saber dónde se invierte tu dinero. Ten en cuenta que emplear únicamente un rastreador de carteras de valores es insuficiente. Debes revisar a fondo y con frecuencia tu cartera de valores para ser un inversor de éxito.

Conclusión

Me encantan los fondos indexados, sobre todo para los inversores principiantes o los que quieren invertir sin intervenir. Conoce un fondo indexado, cómo funciona normalmente, qué sigue y cuáles son sus ventajas e inconvenientes.

A partir de ahí, asegúrate de que compras fondos acordes con tus objetivos y ambiciones financieras. Evita elegir fondos al azar sólo porque alguien te lo haya indicado. Invertir en fondos indexados es un método excelente para diversificar tu cartera sin asumir demasiados riesgos. También es un medio para invertir en determinadas empresas y acceder a diversos mercados de numerosos sectores.

Invertir en un fondo indexado, que es bastante pasivo pero produce altos rendimientos a lo largo del tiempo, puede ser un enfoque fantástico. Empieza por seguir estos pasos para invertir en fondos indexados, teniendo en cuenta tus objetivos a corto y largo plazo y los costes totales.

www.ingramcontent.com/pod-product-compliance
Lightning Source LLC
La Vergne TN
LVHW010843051026
849532LV00007B/2804